改革开放先勋画传丛书

项南画传

项南画传

夏 蒙 钟兆云 著

人民出版社

不要人誇顏色好
只留清氣滿乾坤

項南

一九八九年
十二月

出版前言

改革开放开启了中国特色社会主义道路，开启了中国的新纪元。邓小平是这条道路的开创者、总设计师与主帅，历史将永远铭记他的不朽功勋。与他一起披荆斩棘的还有他的战友、他手下的大将们，这些改革开放的元勋们和主帅一道团结带领亿万中国人民共同开辟了我们今天的新征程。他们的贡献值得大书特书，他们的事迹值得记忆与敬仰，他们是今天走在改革开放新征程的广大党员干部的榜样与楷模。

为了缅怀这些改革开放的元勋，方便读者特别是广大干部熟悉学习这些楷模与榜样，我们决定出版《改革开放元勋画传丛书》。为使丛书内容早日呈现读者，我们根据书稿撰写进展情况，采取分辑分册方式出版。

中国已进入改革开放的新时代，以习近平同志为总书记的党中央已发出了具有划时代意义的改革开放新宣言。实现这一宣言，需要一大批具有与时俱进、时不我待精神，具有天变不足畏、祖宗不足法、人言不足恤气魄的勇将，需要无数投身改革开放的干部，需要亿万民众的共同奋斗。只有这样，我们的伟大事业才能不断得以向前推进。

人民出版社
2014 年 8 月

目　录

一、12 岁的少年先锋队队长到了上海、南京

1918 年 11 月 18 日，项南出生在福建省连城县朋口镇文地村。按辈分起名项德崇，参加新四军后改名项南。

文地村是群山环抱的小山村，再翻越几座大山，走上几十里山路，就到了名叫文坊的大村子。

传说，宋嘉熙（1237—1240）年间，曾任浙江泰兴县令的项安仁，追随文天祥起兵抗元。在元军的追击下退至连城，途

坐落于福建连城县朋口镇文地村的项南祖居

项南的家乡福建连城县朋口镇文坊村

连城县朋口镇文地村项南出生的院落

经温坊时将襁褓中的孙子四六郎托付给一对温姓的老夫妇照料。项安仁随文天祥兵败广东不知所终,而四六郎却在温姓夫妇的照料下长大成人，成为连城项氏的始祖。为了纪念文天祥和这对温氏夫妇的养育之恩，项氏后人将村子改名为文坊。

项氏后人在相距不远的文地村置办了田产。文坊是个大村，项家的私塾也设在文坊。项南 5 岁时进私塾念书，启蒙老师为项际申。童年时的项南，常在这两个山村间来回走动。他从小在山里放牛、打柴，为了找一头走失的牛，曾在晚上一个人提着灯笼走过这条山路。

1927 年的一天，项南在文坊村看见一支部队从村前路过。在项家祠堂，他见到了一位亲切随和的指挥官。后来才知道，那是南昌起义后准备前往潮汕的起义部队，那位亲切随和的指挥官就是后来的红四军军长朱德。

连城县朋口镇文坊村项家祠堂

少小离家老大回，1986年项南在文坊村

　　闽西是一块红色的土地。1927年后，邓子恢、张鼎丞、郭滴人等在闽西播下革命的火种，发动了一系列农民暴动。后来，红四军一举攻克长汀、龙岩、永定，福建的革命形势出现了高潮，长汀、上杭、连城一带建立了苏维埃政权，文坊村是最早建立苏维埃政权的地方之一。

　　项南的六叔项廷纪原先与父亲项与年一起，跟随他们的三哥项廷爵在北平、上海等地做事，这时也回到家乡参加了红军。在六叔的影响下，文坊村苏维埃成立后，项南担任了少年先锋队队长，经常扛着梭镖，在村口的路边上站岗放哨查路条。六叔后来在一次攻打连城的战斗中牺牲了，尸体被砍成四块挂在四个城门上。六叔的惨烈牺牲，让项南从小就知道了革命斗争的残酷。

1929 年底，项南 11 岁。有一天，母亲忽然告诉他，父亲托一位乡亲捎信并带来了盘缠，要他们去上海，这让项南喜出望外。

1930 年秋，项南跟着母亲王村玉，一位从来没有出过远门的客家农妇，还有妹妹，一起离开了家乡，舟车辗转，和父亲团聚在大上海。

1986 年，项南和夫人汪志馨与文坊村乡亲们亲切交谈

　　20 世纪 30 年代初，项南和母亲、妹妹在上海。这是项南和母亲、妹妹三人唯一的合影

　　项南见到了久别的父亲项与年。高大而威严的父亲，显得那么陌生。父子俩很少有机会单独待在一块，项南不知道父亲在做什么事情，总是见他行色匆匆，早出晚归。

　　在一座典型的上海石库门房子里住了没多久，项南就被父亲送到南京尧化门小学去读书。这是一所在陶行知先生关心下建立的学校，学校四周挂着许多陶行知语录："生活即教育，社会即学校""人生两个宝，双手与大脑""我们要反对读死书，死读书，读书死"。陶行知先生一边摇着蒲扇，一边对他们讲

1986 年，项南和夫人汪志馨与项家乡亲亲切交谈

南京尧化门小学旧址，现为南京市栖霞区中心小学（夏蒙摄）

话，给项南留下了深刻印象。

这所学校的学生大都是贫民子弟，在家乡念过两年私塾的项南直接插班小学 5 年级就读，但依然是班上的大龄学生。除了客家话，项南连普通话都不会说。

放学后，空荡荡的校园里常常只剩下几个寄宿的同学和先生。安静的学校图书室成了项南的天堂，只要是能拿到手的书他都看，每天的报纸可以从第一版看到最后一版。周围没有人的时候他就大声地念出来，口音模仿着班上同学们带着南京腔的国语。

两年后，他回到上海，进入上海强恕园艺学校，这时父亲却突然离开了上海。

二、项家的红色传奇

　　少年时的项南，对上海那段岁月留下许多深刻的记忆。特别是维尔蒙路的一处石库门大院，父亲和他的一些朋友在这里进进出出，总是显得很忙碌。他当时就十分好奇，这些叔叔们都是干什么的呢？父亲从来没有对他说过，他也从来不敢问。项南喜欢看电影，一位蓄着大胡子的叔叔带他去过几次电影院。可后来这位大胡子叔叔也不见了。仿佛一夜之间，这些叔叔们都消失了。

　　1934 年的一天，父亲神色匆匆地与他和母亲告别，从此杳无音信。

　　有一天，项南从强恕园艺学校放学回来，邻居很紧张地告诉他，他的母亲和妹妹被警察抓走了，让他赶快离开。

　　项南当时并不知道这里是中共中央的一个秘密联络点，在许多年之后，他才知道母亲住在这里看守着一部中共中央的秘密电台。

　　父亲项与年原名项廷椿，后改名梁明德，15 岁时在家乡与童养媳王村玉成婚。婚后不久，即跟三哥项廷爵去北平、上

1956年，项与年赠给莫雄的照片。上有莫雄的亲笔题字："革命引路人梁明德同志"

海等地闯荡。

三哥项廷爵毕业于福建法政学堂，曾在北洋军中任职。得知孙中山在广州发动国民革命、酝酿北伐的消息后，三哥就带项与年一起南下广州，投身革命。项与年跟随三哥受到了孙中山的接见，并在孙中山亲自安排下，成为国民革命军第二军军长许崇智手下一支部队的副官。在国民革命处于低潮的时期，陈炯明叛变、北伐无功而返、新旧军阀混战……项与年看到了国民党内太多的派系倾轧和争权夺利，这让他感到失望和苦闷。

1925 年春，项与年与一位名叫宣政的好友离开广州，寄居于宣政父亲在杭州开设的丝绸行里。宣父思想进步，同情革命，这里也是共产党的一个秘密联络点。项与年在这里遇上了共产党人宣中华和何赤华，在他们的影响和帮助下接受了共产主义思想。这年秋天，在浙江硖石小学的一间教室里，项与年秘密宣誓，加入了中国共产党。

1926 年 1 月，国民党第二次全国代表大会在广州召开。宣中华让熟悉广东情况的项与年跟随他一起出席国民党二大，并将项与年介绍给周恩来和邓颖超。项与年的机警干练，赢得了周恩来的赞赏。

四一二反革命政变后，项与年与党失去了联系。好在他的身份未暴露，不久后，项与年找到了党组织，并成为中央特科的成员。

1933 年，项与年在上海中央军委做情报和上层联络工作，在王世英、刘子华同志的领导下工作。

1933 年至 1934 年，中央军委的主要任务是配合红军打破国民党对苏区的几次"围剿"。派了大批同志包括项与年在内到江西工作，在南昌、九江、德安均建立了地下党组织进行统战工作，并计划对国民党进行军事破坏，炸铁路、桥梁、飞机场、仓库等。

1933 年 9 月 25 日，蒋介石集中了 100 万军队，向各红色根据地发动第五次军事"围剿"，用于进攻中央苏区的兵力达

　　1960 年，周恩来在海南三亚疗养期间，曾接见项与年，并留下了这张珍贵的合影。图为周恩来、邓颖超等在三亚接见项与年（二排右九）等同志

50 万。鉴于前四次军事"围剿"的失败，蒋介石改变了"长驱直入"的作战方法。采取"步步为营、堡垒推进"，企图逐步紧缩苏区，消耗红军有生力量，最后寻求与红军主力决战，以达到消灭红军的目的。

　　经过一年苦战，红军未能打破敌人"围剿"。蒋介石为了加速"剿灭"中央红军，占领中央苏区，于 1934 年 10 月初，在庐山召开了一次绝密军事会议，具体策划和贯彻"铁桶围剿"的方针。江西德安赣北第四区行政督察专员和江西德安赣北第

项与年（二排右三）与周恩来、邓颖超等在三亚

四区"剿共"保安司令部司令莫雄参加了这次绝密军事会议。

军事会议开了一个星期。蒋介石对最后的军事行动进行了严密部署，计划由 150 万大军采用突然包围的作战方法，包围以瑞金为中心的中央根据地，包围半径从瑞金周围 300 华里

1956年，国务院总理周恩来指示李克农，委托项与年专程赴广东邀请莫雄参加国庆观礼活动。图为项与年和莫雄在广东莫雄寓所前合影

开始。

作战计划制订极为周密，会议文件就足有三四斤重。每份文件都打上蓝色的"绝密"印记，并按名单编了号码。地图上划分编了号的格子，某部队、某单位，在何时何地必须到达某包围地点，然后布上铁丝网，构筑火力网及碉堡等，一俟包围完成后，便严格按命令每日向瑞金中心推进。

散会后，莫雄返回德安保安司令部，征尘满面来不及梳洗，便召集潜伏在他部队的地下党员刘哑佛、卢志英、项与年到办公室，屏退卫兵，关上房门，把庐山会议文件拿给他们看。3 人飞快地看了一个多小时，才匆匆看完。他们交换眼色后，刘哑佛问莫雄："大哥，你说怎么办?"莫雄说："还有什么办法? 这样危急，你们马上设法告诉红军吧。"他们一起站了起来，异口同声地说："我们代表党感谢您!"

随后，他们指定项与年将这些绝密文件送到南昌保安司令部后方办事处，找几个精干的地下党员把文件的主要部分密写抄录并马上发电报给党中央，紧急通报"铁桶围剿"计划的要点。又连夜用特种药水将作战计划中用于联络的绝密电码，密写到四本学生字典上。

项与年熟悉苏区人情地貌，他扮成教书先生，带着字典，

1978 年，中共龙岩市委举行追悼会悼念项与年

1978 年，中共辽宁省委为项与年举行追悼会

1994 年，项南夫妇在龙岩为父亲扫墓

项南在追悼会上手捧父亲的骨灰盒。右一为项与年在延安结婚的夫
人吴健女士

连夜奔赴中央苏区。为减少与敌人的关卡接触，项与年昼伏夜
行，忍饥挨饿，避开大路穿山越林。几天下来已经筋疲力尽，
走路已十分吃力。越接近苏区，敌人的封锁也越严。在经过最
后一道封锁线时，项与年毅然钻进山林，用石块砸掉了自己的
四颗门牙，疼痛与失血使他差点晕了过去。不过，这样一来，
他完全成了一个乞讨的叫花子，从而混过了层层封锁线，终于

在第六天到达了江西瑞金，把这一事关革命全局的重要情报亲自交到周恩来的手中。

几天以后，在国民党军队还未完成对中央苏区的合围前，党中央即率领红军开始撤离中央苏区，踏上了漫漫长征路。

1949年，广州刚刚解放，中共广东省委书记叶剑英就派人到香港找到了莫雄，向他转达毛泽东的问候。叶剑英对莫雄说，"我南下前，毛主席亲自问我：'还记得广东有个莫雄吗？'我说'记得'。毛主席说：'他是我们党的老朋友、老同志，你一定要找到他。无论他犯过什么罪，一定要安排他工作。'"

周恩来也没有忘记莫雄和项与年等人对中国革命的贡献。1956年，项与年受周恩来和中央调查部部长、中国人民解放军副总参谋长李克农上将委派，专程赴广州接莫雄到北京参加国庆观礼活动。

三、在福建长乐组织"明天歌咏团"

母亲和妹妹被抓进了上海提篮桥监狱，无家可归的项南只好在中华职教社办的杂志社做些抄抄写写的工作，同时在职教社办的强恕园艺学校读书，度过了两年半工半读的生活。

1937 年，19 岁的项南怀揣着中华职教社的介绍信，离开上海来到了福建省长乐县，在福建长乐县政府办的苗圃找到了生平第一份正式工作。

这时担任福建第一行政公署专员兼长乐县县长的王伯秋曾与胡适、李大钊等一起倡导"好

学生时代的项南

019

1937 年，在长乐苗圃工作的项南

人政府"。王伯秋在长乐县广行善政，兴修公路，植树造林，整顿市容。他推广平民教育，创办民众教育馆，特别注重以教育开启民智，长乐气象为之一新。

不久后七七事变爆发，全国都掀起抗日救亡的热潮，项南很快就与在长乐县政府做事的连城同乡罗树生、罗心如以及民众教育馆馆长陈似云等行动起来，投身于抗日救亡活动之中。他们认为，要动员和唤醒民众起来抗日，最好的形式莫过于歌咏与戏剧。于是，很快组织起一个"明天歌咏团"。项南还为歌咏团撰写了团歌：

"明天，明天，是胜利的明天。我们要救亡，我们要抗战……"

歌咏团的活动得到了王伯秋的支持，他对聪明活泼、颇有组织能力的项南赞赏有加，以"长乐县抗敌后援会"的名义资助歌咏团。项南到处募捐，还拿出自己积攒的薪水作为活动经费。歌咏团的活动很快就得到许多知识青年的响应。不仅长乐的一些进步青年参加进来，还吸收了一些福州的知识青年和平津流亡大学生。

"明天歌咏团"排练话剧，演唱抗日救亡歌曲，开展读书学习，讨论时事，经常在县城周边的村镇与学校进行演出，抗日救亡宣传活动开展得有声有色，但这些活动引起了国民党特务的注意。王伯秋调走后，"明天歌咏团"在长乐无法生存，不得不宣布解散。

1937 年，项南（右一）与两位一起从事抗日救亡活动的朋友在福州

四、连续发起成立抗敌宣传团体

项南的革命引路人王助。王助，福州亭江人。早年曾在燕京大学就读。1931 年加入中国共产党。历任闽浙赣第四军分区政治部副主任，闽北独立师政委、中共闽东特委宣传部部长兼统战部部长，新四军驻福州办事处主任，1941 年 9 月 21 日在建阳东坑头行军途中遭遇土匪袭击，不幸牺牲

项南在长乐县抗敌宣传活动中的出色表现，引起了中共福建省委宣传部部长王助的注意。此时，新四军福州办事处在福州黄巷公开挂牌，王助任办事处主任。他派人找到了项南，鼓励项南继续团结进步青年，从事抗敌宣传活动。1938 年，王助介绍项南加入了中国共产党。

1938 年初夏，福建的抗战形势骤然紧张，省政府内迁永安，沿海一带的城镇居民也大量随迁内地。项南的同乡罗树生调任顺昌县县长，项南和罗心如也一同前往。

1938年，项南（二排左三）与闽清县政府战时民教流动工作队队员合影

项南继续在县政府从事园艺工作，同时按照王助的指示开展抗日救亡活动，组织上海沦陷后的流亡青年，成立了顺昌"抗敌剧团"，到群众中演出。

很快，项南在顺昌的活动被国民党特务盯上了。一天，罗心如正在县政府上班，国民党保安第七团团长许国钧匆匆来找县长罗树生，向他报告：已经查实，项德崇等人系异党分子。许国钧走后，罗树生授意罗心如立即通知项南转移。几小时后，许国钧带保安队到项南住处抓人，扑了个空。

项南逃离顺昌后，在福州躲藏了一阵。1939年春夏之交，

烽火中的三个朋友。1938 年，项南
与朋友在福建闽清

项南由在闽清教育局任督察的黄开修邀请，前往闽清，共同发起成立了"战时民教流动工作队"，项南任队长，黄开修任指导员。经过黄开修争取，闽清县政府同意拨给经费，并同意工作队以政府的名义开展工作。有了顺昌遇险的那段经历，项南这时化名项新，行事比过去更加稳重谨慎了。

"闽清县政府战时民教流动工作队"创办民校，组织读书会、演剧队，深入山村集镇宣传抗日，活动开展得有声有色。

不知是战时民教流动工作队活动还是项南本人引起了当局的怀疑。闽清县警备司令李建邦下令拘捕项南，并在县城的主要道路和码头布上了岗哨。黄开修闻讯立即通知项南，并把他安排到黄家在闽清的一座人厝躲藏起来。两三个月后，风头稍稍过去一些，黄开修亲自把项南送上了北上南平的小火轮。

项南在南平盘桓了两三个月，找不到王助的下落，不得

　　1939 年春，中共福建省委派项南到闽清县领导抗日救亡宣传活动。遭到当局通缉后，项南躲藏在宏琳厝，继续进行秘密活动，创办《抗日救亡旬刊》、《闽清快讯》，后在群众的掩护下，安全转移

不离开福建转往桂林，希望通过桂林八路军办事处转道前往延安。

闽清抗日战时民教工作队员重逢于梅城
一九八四、十二、六、

1984 年 12 月，项南与闽清抗日战时民教工作队队员们重逢于梅城

五、辗转至苏北重新入党

1939 年秋，项南来到桂林，与八路军办事处取得联系。因为国民党加强了封锁和限制，去延安一时无法成行。

项南的生活无着无落，八路军办事处的一位同志对他说，桂林的成达师范需要一名生物教员，你愿不愿意去试试？项南说，我自己都

八路军驻桂林办事处（童小鹏 1939 年摄）

没学过生物，怎么教呢？这位同志说：不要紧，我教你一课，你再去教一课。就这样项南去了成达师范学校，应聘当上了生物教员。连他自己都觉得好笑，没有学过生物，居然当上了生物教员。

有一天，他在走廊上哼着电影《风云儿女》的主题歌，被学生们听见了，大家喊着要他教唱歌。这当然比教生物容易，

1980 年，项南在桂林。项南十分难忘漂泊在桂林的那些日子

项南在课堂上教学生们唱起了《风云儿女》的主题曲。在课堂上教唱歌曲的事情很快就被校方知道了，他们认为项南十有八九是异党分子，立即解除了他的教职。

这时候项南又想到了中华职教社，他找到了在中华职教社供职的同乡张雪澄，经他介绍，当上了桂林苗圃的主任。每月有几十元的工资，不仅解决了自己的生活问题，还能接济七八位和他一起流亡桂林的青年。项南在晚年曾笑谈，说要按当时的物价，这是他一生中挣钱最多的时候。

在桂林待了半年，八路军办事处决定让他和一些原本准备去延安的同志，转道香港前往苏北，参加新四军。

负责八路军香港办事处工作的是廖承志。这位成天乐呵呵的"胖子"，赢得了大家的喜爱。香港办事处经费十分紧张，每天只管得起大家一顿粗茶淡饭。廖承志出主意说，你们天天在办事处待着不是很无聊吗？可以到咖啡馆去呀。大家一脸疑惑：吃饭都没钱还有钱去咖啡馆？

廖承志哈哈大笑，告诉大家一个"秘密"：香港的咖啡馆，只收咖啡钱，糖是不要钱的，你们在那里坐上大半天，可以看报，聊天，免费吃糖，这样的好事还不快去！

于是，项南和大家一起每天都到咖啡馆闲坐，饿了就用方糖冲水喝。一段时间下来，每天装一肚子糖水回到住处，晚上睡觉肚子都还在咕噜咕噜响。以致很长一段时间，只要看见白糖，项南就反胃。

1941年春夏之交，项南和另外几名同志由廖承志亲自送上香港开往上海的轮船。抵达上海后，他们又乘上一艘货船由地下党的同志护送抵达苏北。

刚刚经历了皖南事变的新四军，1941年3月在江苏盐城重建新军部。新军部对前来报到的人员审查十分严格。由于无法联系到项南的入党介绍人王助，项南与党组织失去了联系，不能证明自己的党员身份。但中共中央华中局组织部部长曾山仍然热情地接待了他，将他分配到盐阜区委工作。

不能证明党籍，也就意味着项南不能参加组织生活。任盐阜区民运部长的曹荻秋建议他重新入党，等将来找到原来的组织关系时，再恢复入党时间。项南接受了这个建议，1941年重新履行了入党手续，在苏北再次入党。

项南随后被分配到盐阜区所属的阜东县。阜东是黄克诚率部打下苏北地区后设立的一个县，隶属于盐阜行政公署，下辖东坎、三坝几个区。

六、烽火年代中的爱情

　　1942 年，为应对日军对苏北的"扫荡"，抗大五分校女生队学员汪志馨被分配到新四军所辖地区工作。汪志馨和几名女学员到阜东县报到时，天已经黑了。

　　第二天一早，汪志馨被院里一阵集合哨音惊醒。她在抗大养成了听见哨声即起床的习惯。走到门外，看见一位穿着黑布棉袍的年轻干部正在吹集合哨。有意思的是，这位英俊帅气的

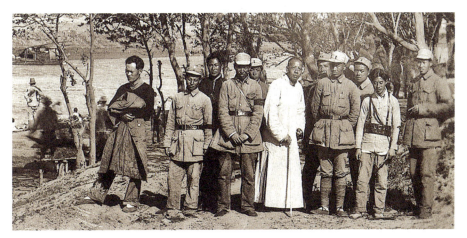

1942 年，在阜东县政府担任秘书时期的项南（左一）

初到苏北的项南还是半土半洋的装束，与周围的战友们显然有些不一样。这是项南抵达苏北后留下来的最早一张照片。项南有着过人的语言天赋，到苏北不久，很快就能讲一口可以乱真的当地方言，这让许多苏北的同志都感到惊奇

年轻干部和那些军人干部不同，他的装束半土不洋，腰上没扎武装带，居然扎着一根麻绳。不知为什么，汪志馨对他不修边幅的样子留下了很深的印象。

报到的几名学员，由汪志馨负责带队，进了县政府办公室。而负责报到的县政府秘书，正是她早上看到的那个年轻干部。项南熟悉了这些学员的简历后，打量着汪志馨那隽秀的字体，再看看眼前这位说话办事十分稳重大方的姑娘，有种一见倾心的感觉。

别的学员很快都分配出去了，唯独汪志馨被留了下来。

项南告诉汪志馨，她将被分配到新设的九区去工作，担任

区委宣传委员。项南向她详细介绍了九区的情况，也向汪志馨了解了一些在抗大学习的情况。

　　汪志馨当时并没有多想，只是觉得这位项秘书年轻帅气，为人热情、诚恳，对他挺有好感。

　　汪志馨没有想到，几天以后，她在九区见到扛行李的项南，才知道项南是九区新任的区委书记。他们开始恋爱以后，项南向汪志馨"坦白"，他已经知道自己要到九区来工作，才把汪志馨先分配到了九区。

　　汪志馨出生于1916年，比项南大两岁。她与项南一起搭档工作，项南却处处像大哥哥一样关心呵护她。

1944年，项南（穿白衣站立者右起第二人）带领工友们为维护劳动权益与当地的地主资本家进行斗争。在阜东县发起成立东坎市总工会

汪志馨（前排右二）与抗大五分校的战友们在一起

项南虽然年轻，但见多识广，经历丰富，各地的风土人情、奇闻逸事，经他说出来就变得特别有趣。汪志馨也对项南谈了她的身世。

汪志馨出生在浙江奉化，从小跟随做小本生意的父亲在上海做工学习。以后又进纱厂做工，挣钱帮助家用，她靠自学和上夜校完成了中学教育，后来还当上了小学教员。在这期间，她接受共产主义思想。抗战爆发后，汪志馨毅然从上海奔赴新四军，进入抗大五分校女生队学习。

项南与汪志馨的爱情，很快就经受了严酷的战争考验。

盐阜地区是苏北抗日根据地的心脏。新四军军部和主力之一的 3 师师部都驻扎在这里。1943 年 2 月上旬，日军两个多师团及伪军 2 万人，由徐州、淮阴等地出动，对盐阜地区进行大"扫荡"。由于新四军早有准备，日伪军在"扫荡"扑空后，分多路对根据地进行梳篦式"清剿"，对抗日根据地实行野蛮破坏。调任九区区委书记的项南带领区委干部和群众，一方面坚壁清野，避开敌人"清剿"的锋芒；另一方面伺机打击那些小股行动的敌人，顽强抗击日伪军的"扫荡"。

在反"扫荡"的艰险日子里，项南与汪志馨朝夕相处，爱情也开始迅速升温。反"扫荡"结束，盐阜根据地的形势渐渐缓和下来。1944 年初，项南和汪志馨向上级打了报告，要求结婚。让他们没有想到的是，组织上没有批准。理由很简单，不符合"二八五"的规定。

按当时规定，党员干部要结婚，一方要年满 28 岁、5 年党龄或职务要副团以上。其实这三条，项南和汪志馨已经具备两条：1916 年出生的汪志馨已经 28 岁，项南的入党时间如果从 1938 年算起，也已有 5 年党龄。

项南与汪志馨还是结婚了。他们在一座农家的草房里举办了简朴的婚礼，一些战友和汪志馨的抗大同学闻讯前来祝贺，小小的院落里挤满了看热闹的乡亲。

1944 年，项南夫妇迎来了第一个孩子的出生。尽管当时

1944 年，项南（前排右二）、汪志馨（二排右三）与战友在阜东抗日根据地

　　根据地条件十分艰苦，但经组织批准结婚的夫妇有了孩子可以供应一点奶粉和白糖。项南和汪志馨的结婚，没有得到组织的批准，就不能享受这个待遇。眼看孩子就要出生了，项南准备了一个装着花布小衣服、鸡蛋等物品的纸箱送到部队医务所，还找了一位姓邱的农家大嫂，提前把孩子寄养的事都联系好了。

　　艰苦的战争环境，极度缺乏营养，汪志馨的身体变得十分虚弱，体重只剩下 36 公斤。为了让汪志馨和孩子多点营养，项南在大冬天里站在冰封的河边，眼巴巴地看老乡捉鱼，用有限的津贴买一点手指头粗细的小猫鱼回来，熬汤给汪志馨喝。

孩子刚满月，项南就与汪志馨顶着寒风，踩着没膝的积雪，去地委参加整风学习。在苏北整风运动中，项南没少吃苦头。他始终说不清自己父亲的政治面目，他和汪志馨没有经过组织批准就结婚，也算是违反纪律的事情。特别是前一条，一直到整风结束，项南都说不清自己父亲是干什么的，同志们觉得他父亲的历史肯定有问题，反复对他进行"教育"，要他老老实实向组织交代。后来还是一位负责整风运动的领导表态说，这个问题就算了，留待以后审查吧，项南这才得到解脱。

七、天黑前不把桥架好就枪毙你

1946年，项南在苏北

1945 年 8 月 15 日，日本无条件投降。此时，地处华中的淮南、淮北、苏中、苏北四个解放区已经连成一片，成为拥有 3000 多万人口的大解放区。

中共中央确立了"向北发展、向南防御"的方针，原先驻守盐淮地区的新四军 3 师 3 万人调往东北，新四军其他 8 万余人奉调北上山东。项南此时也离开阜东，先后担任苏北第五、第十一分区专员公署建设处长、财经处处长等职。

国共和谈破裂之后，紧靠国民党统治中心南京的两淮根据

1947年，项南与汪志馨在苏北。中为项南长子项小红

地局势变得空前严峻。国民党军队向苏北解放区大举进攻，中共华中分局决定撤出两淮。

让中共华中分局书记邓子恢最放心不下的就是后勤工作。大军云集北线，而后勤工作一片混乱。邓子恢指派刘瑞龙负责，下决心不惜一切代价改变北线后勤工作的被动局面。项南也在这时临危受命，被调往苏北后勤司令部担任供应部长。

项南刚一走马上任，就遇上了涟水战役。这是华中野战军与国民党王牌74师交手最惨烈的战役。担任民力动员指挥部

1983年，项南（右三）率福建代表团访问江苏，与中共江苏省委书记韩培信（右四）等参观盐城新四军革命文物展览

主任的项南负责在一条河上架桥。这座桥刚架起不久，就被敌机炸毁了。北撤的机关人员和干部家属们拥堵在河边，南下的部队则在对岸干着急。项南立即指挥民工重新开始架桥，这时一匹快马飞奔而来，传达华中军区副政委谭震林的命令：天黑前不把桥架好就枪毙你！

军中无戏言，项南知道此事非同小可，这座桥能否按时架好，事关战场全局。可辛辛苦苦架起的桥刚投入使用就被炸毁了，眼前又是这样一种混乱局面。战事火急，不容申辩，他指挥手下的队伍苦干加巧干，终于在天黑前把这座便桥架设完毕。夜色中，谭震林率领军区司令部一行人来到河边，看见机关和部队已经在项南的指挥下井然有序地过河，他当众对项南大加表扬。项南出色的组织动员能力也给谭震林留下了深刻印象。

　　1996年，项南大病初愈，从北京医院回到家中，当年苏北的一些战友特意从南京到北京看望项南。前排：左三为当年整风小组组长胡畏，左一为胡畏夫人；后排：左二为汪志馨，右一、右二为丁兆甲夫妇

20 世纪 90 年代，项南与汪志馨重返苏北，参观盐城新四军纪念馆

八、进入共青团系统

　　1949 年 1 月 1 日，中共中央发出了关于建立中国新民主主义青年团的决议。中央各大分局迅速挑选出一批青年干部，陆续从各地奔赴北平参加中国新民主主义青年团第一次全国代

　　1949 年 3 月，项南与黄辛白、王化东、刘星作为安徽青年团代表赴北平参加中国新民主主义青年团第一次全国代表大会。图为项南（左一）与战友们抵达北平后合影

项南│画传│ *XIANGNAN HUAZHUAN*

1949年4月参加中国新民主主义青年团第一次全国代表大会期间，项南（左一）与黄辛白（右二）在北平

表大会。

时任第三野战军第一副政委的谭震林立刻想到了项南。

当时，项南刚调任中共江淮地委宣传部长，他接到命令后星夜赶往合肥，向皖北区党委书记曾希圣报到。曾希圣对项南说，叫你去北平参加青年团第一次全国代表大会，是谭震林点的将。

项南与中共皖北区委选派的黄辛白、王化东、刘星3名代表一起，从蚌埠搭上津浦线北上的列车，走走停停，差不多快一个星期才到北平。

1949 年 4 月 24 日，中共中央主席毛泽东，中共中央书记处书记、中国人民解放军总司令朱德在北平双清别墅接见出席中国新民主主义青年团第一次全国代表大会的部分代表。项南用随身携带的相机拍摄了毛主席和朱德总司令的照片，并将这两张照片珍藏了一生

项 南 | 画传 | *XIANGNAN HUAZHUAN*

1949 年 4 月，中国新民主主义青年团第一次全国代表大会在北平召开

　　中国新民主主义青年团第一次全国代表大会开了 8 天。1949 年 4 月 24 日，在北平香山的双清别墅，毛泽东主席和朱德总司令接见了参会的青年代表。

　　项南一行从北平回到皖北，向曾希圣汇报了情况。曾希圣要他们 4 人立即着手筹备召开中国新民主主义青年团皖北区代表大会，他们都留在了皖北青年团工作。

　　从进行抗日救亡宣传开始，项南一直保持着年轻人朝气蓬勃的精神，不论走到哪里，都会成为青年干部和战士的中心，

　　歌咏活动、演剧活动和其他文娱活动都少不了他。项南还会吹口琴，行军打仗的间隙，悠扬的旋律总是伴随着他的身影，给大家带来许多快乐。

　　在项南的领导下，皖北青年团第一次代表大会和皖北学生第一次代表大会很快就如期召开，并同时开办了皖北团校，为青年团培养了大量骨干。

　　项南是一个爱美的人。从小学习园艺，他喜欢用植物美化环境，走到哪儿就绿化到哪儿。因为缺少住房，团省委机关的一些青年人只能住到郊外几栋条件简陋的茅草屋里。项南看

会议期间，项南（右一）与黄辛白（右二）游览故宫

中國新民主主義青年團中央委員會第二次全体會議紀念
一九五一年十一月二十日

頤年堂

1951 年 11 月，项南参加中国新民主主义青年团中央委员会第二次全体会议，受到毛泽东、朱德等党和国家领导人的亲切接见

他们情绪有些低落，就带他们一起动手，很快那里成了小桥流水、花草丛生、春天里桃红柳绿的"青年之家"。青年人安心开心了，原先住在城里的青年团干部也争着要到这里安家。

1949 年冬天的一天晚上，项南正在办公室里加班赶写材料，这时省妇联主任吴光打来电话，告诉项南，黄辛白的未婚妻钱正英来了，要项南马上帮着找到黄辛白。项南衷心替老战友高兴，他立刻写了张纸条准备让通讯员给黄辛白送去。

项南走进通讯员的房间，见通讯员正在呼呼大睡，他不忍心叫醒这个贪睡的年轻人，蹚着积雪走了几里路找到黄辛白，让黄辛白马上到妇联去找吴光。黄辛白不知何事，还在发愣，项南把一张纸条塞到了黄辛白手里说："还不快去。"

纸条上写着："茫茫大雪中，钱来了，你快去吧!"

（合影局部）：三排右二为项南

1949 年 11 月，皖北学生第一次代表大会会场

1949 年 11 月，皖
北青年第一次代表大会
在合肥召开

　　1949 年 11 月，皖北青年第一次代表大会期间，项南（左）与青年英模在一起

　　项南主持皖北青年团工作期间，相继主持召开皖北青年第一次代表大会、皖北学生第一次代表大会，并开办皖北团校，为青年团培养了大量骨干

　　1949 年夏天，皖北青年团第一次代表大会的青年代表组成青年突击队参加义务劳动，项南在义务劳动前向青年代表们讲话

项南（左一）与青年团干部们在义务劳动现场小憩

1952 年，项南在青年团
安徽省委大院

在青年团安徽省委工
作时期的项南（右二）与
汪志馨（左一）

项南（左一）、黄辛白（右一）率领青年团员参加义务劳动

九、项南找到了项南

1951 年，青年团皖北工委与皖南工委合并，成立了新民主主义青年团安徽省工作委员会，项南任书记。同时，项南又担任了安徽大学党委书记。

有一天，项南到省委开会，省委书记曾希圣交给他一个任

1951 年，项南（后排左四）与安徽大学的同事们在一起

务，让他帮着找一个老战友失散的儿子，他说，老战友姓梁，
在东北工作，不知听谁说自己的儿子在安徽做青年团工作，写
信请求曾希圣帮忙寻找。

过了一段时间，曾希圣开会又遇到项南，问有没有帮他
找到老战友的儿子。项南说找不到，皖北青年团不下 10 万人，
姓梁的多了，查访了好多，都对不上号。

曾希圣怅然若失地对项南说，如果见了老战友的孩子，他
或许还能认出来。因为那孩子小时候在上海，他们一同住在上
海的维尔蒙路。

项南说："我也在上海维尔蒙路住过。"

曾希圣感到有些吃惊："你住上海维尔蒙路几号？"

项南说了门牌号。

曾希圣仔细打量项南，问："那你有没有见过一个大胡子
叔叔？"

项南："当然见过，他还带我去看过电影。"

曾希圣："那你看看我是谁？"

项南仔细打量着曾希圣，不由得愣住了。

天下竟有这么巧的事情。原来，曾希圣就是当年的"大胡
子叔叔"，而项南就是那个他曾带着看电影的男孩。

曾希圣的老战友就是项南的父亲项与年，离开上海后，项
与年改名梁明德。姓名都改了，上哪去找"梁明德"的儿子呢？

项南就这样找到了项南。

但为了工作，项南不得不暂时隐忍对亲人的思念，默默期待和父亲团圆的那一天。

十、和失散多年的母亲团聚

　　项南在安徽青年团工作表现出色，特别是他撰写的报告和文章，观点明确，条理清晰，总能对青年团工作提出新的思

1953 年 4 月，项南（前排左四）与出席青年团华东工委第五次全体会议的同志们合影

1955 年，项南夫妇与父母亲在北京

1954 年，项南（左一）、汪志馨（左三）与青年团华东工委的同事们
在青岛

路，引起了团中央和华东局领导的重视。1952 年下半年，项
南被任命为华东局团工委第二书记。但直到 1953 年初，项南
才正式到任。汪志馨也一同调往上海，担任华东局团工委青工
部副部长。

项南和汪志馨两人的少年时代都在上海度过，对上海这座
城市感到亲切而熟悉。更重要的是，项南终于与失散多年的母
亲团聚在一起。

新中国一成立，项南一面托人打听，一面写信回家乡打

听母亲的下落，可都没有得到确切消息。中央派出老区慰问团到闽西，公布了一批寻亲者的名单，项南从中发现了母亲的名字，这让他喜出望外，立即托人把母亲接到了上海。

原来，项南的母亲在上海提篮桥监狱被关押一段时间后，由地下党的同志营救出狱，她带着小女儿回到了家乡。小女儿

1954年，项南（左二）与华东局团工委的同事们在上海东平路9号

项南（二排左三）下基层调研，与青年团干部在一起

上图、下图：1953 年，
项南与汪志馨在上海

项南的 6 个孩子（1955 年摄于上海）

项南与儿子项小
蓝在北戴河

20世纪50年代，项南经常在节假日带孩子们到公园游玩，那一时期留下的许多家庭照片，充满了快乐与温馨

因为在狱中染上疾病，回乡后不久就病死了。孤苦伶仃的老人一心想找到心爱的儿子，一个人踏上了漫漫寻亲路，直到解放前夕，一直在闽西一带的城乡间流浪。1950 年，谢觉哉率领中央老区慰问团到闽西老区，把那些寻找革命亲属的父老乡亲一一登记造册，并在报纸上公布，这才让项南母子得以团圆。

　　母亲的到来为这个家庭增添了祥和的气氛。这时，项南夫妇的第六个孩子出生了，老人把所有家务和照料孩子的责任都承担下来，项南与汪志馨把全部精力都投入到工作当中。

十一、第一次走出国门访问苏联

　　项南调任华东局团工委，立即参加了上海市第二次团代会的筹备工作。相比安徽，上海青年团工作相对滞后，1953 年才召开上海新民主主义青年团第一次代表大会。项南上任后，

1954 年，共青团华东工委书记项南随中国青年代表团访问苏联，参加苏联共青团十二大

1954 年，项南在苏联访问期间与代表团成员路金栋在克里姆林宫

华东局团工委决定召开第二次上海市团代会。这次会议距第一次团代会仅 11 个月。项南在这次大会上做了《青年团要带领青年全面学习和执行党在过渡时期总路线》的讲话。

在华东局团工委工作期间，项南曾经会见过苏联共青团第一书记谢列平，并陪同谢列平一行在上海访问。这位苏联共青团负责人在与中国青年团领导人交谈时不无自负地说，不读莎士比亚是做不好青年工作的。他还大谈了一番文学艺术如何影响人的情操等感想。谢列平这番高谈阔论，对项南触动很深。

项南本来就是一个爱读书的人，无论是在福建从事抗日救亡活动，还是在苏北农村做地方工作，他总是手不释卷。因为条件限制，图书极度匮乏，他差不多是拿到什么书就读什么书。一部《联共（布）党史》，还有房东老乡家的线装《三国演义》《水浒》等名著，差不多都被他翻烂了。到上海工作的一个有利条件，就是可以从图书馆借到各类图书，这让项南欢喜莫名。除了工作，项南大部分时间都用在读书上。他通读了许多世界名著，还涉猎了不少哲学与经济学方面的著作，当然也包括谢列平提到的《莎士比亚全集》。

1954年3月，项南作为中国青年代表团的一员，赴莫斯科参加苏联共青团第十二次代表大会。

这是项南第一次走出国门。对苏联的访问，给项南留下了很深的印象。对这个世界上第一个社会主义国家，项南充满了景仰之情。回国后，项南把自己的访苏日记整理好在上海的《青年报》和《中国青年报》上连载，大受读者欢迎，在出版社的建议下，项南又稍加整理，出版了单行本《访苏日记》，发行了2万册。十分难得的是，项南在赞赏苏联的社会主义建设成就的同时，也敏锐地发现了他们在经济建设方面存在的问题。他在文中举例说："百货商店里一般人民的日用必需品很

项南著《访苏日记》封面

便宜，棉布，药品，书籍特别便宜，但一件较好的衬衫，却要花 200 多卢布。如果以物换物，那么 30 多件衬衫，就可以换一辆小汽车了。这种折算不大恰当，但也可以看出苏联的某些轻工业品较贵，而有些重工业产品却如何地便宜。"

1954 年 9 月，项南作为安徽省推选的全国人大代表，参加了新中国召开的第一届全国人民代表大会。在 1226 名代表中，项南是最年轻的代表之一。对于项南来说，这是他人生的一个里程碑。全国人大一届一次会议之后不久，项南就告别了上海。

项南的《访苏日记》书中部分内容（上海人民出版社 1955 年出版）

　　1954 年，项南当选为安徽省出席首届全国人民代表大会代表。图为中华人民共和国第一次全国人民代表大会安徽省代表团在北京合影。第一排左起：二为章伯钧，三为朱蕴山，五为曾希圣，八为方令孺，十为黎锦熙，十一为李达，十二为周鲠生，十三为黄岩。第二排左起：三为张劲夫，四为梅汝，六为李克农，十为赵朴初。第三排左起：一为项南，七为孙起孟

十二、团中央第一书记胡耀邦的得力助手

　　1955 年 2 月，项南奉调进京，担任青年团中央宣传部部长，这一年，项南 37 岁。而担任团中央第一书记的胡耀邦，也只有 40 岁。

1956 年 5 月，项南（第一排右七）陪同共青团中央第一书记胡耀邦
（第一排右八）赴东北视察工作，与青年团吉林省委的同志们在一起

1956 年 5 月，项南（前右六）与胡耀邦（前右五）在吉林长春中国第一汽车制造厂考察

胡耀邦走马上任后，立即主持召开了青年团一届三中全会。毛泽东亲自到会讲话，向青年团提出了两个问题。一是党委如何领导青年团，二是青年团如何工作。这两个问题，引起胡耀邦和青年团各级领导干部的思考。

从 1955 年春天起，项南根据毛泽东提出的这两个问题，进行认真的调查研究，写出了一篇很有见地的文章，经胡耀邦审阅，在《中国青年报》上刊登出来。这篇文章被认为是同类文章中写得特别好的一篇，给胡耀邦留下了很深的印象。

那时的团中央领导层年轻而又充满活力。一向重视宣传工作的胡耀邦，对于团中央宣传部长的人选十分看重。项南也确

1956年，项南（前右二）与胡耀邦（前右三）在长春中国第一汽车制造厂。图为胡耀邦给青年工人题词

实不负胡耀邦的期望，到任之后，很快就胜任了这项工作。

胡耀邦作风民主，平易近人，项南的心情十分舒畅。他参与了那一时期团中央所有重要文件的起草与各项方针政策的讨论与制定。胡耀邦到全国各地考察，身边总有项南的身影。

项南平时话不多，但一开口就风趣幽默，让同志们感觉十分亲切。他常常到机关、厂矿作报告，也经常亲手撰写文章。他鼓励青年在生产建设上应发挥突击作用，同官僚主义和歪风邪气作斗争，同时又十分关心青年的健康成长，引导青年树立远大理想和正确的人生观。针对当时男女老少穿一样的蓝色服装而被外国人讥讽为"蓝蚂蚁"的现象，他提议成立服装改进委员会，提倡青年团员带头穿"花衣服"。

在胡耀邦的支持下，项南把发动青年"向科学进军"运动开展得有声有色。由团中央参与创办、周恩来题写刊名的《知识就是力量》成为全国青少年最喜爱的科普杂志。团中央还组织团员青年走访华罗庚、李四光、竺可桢等一批科学家，号召青年向科学家学习。为了鼓励青年进行文学创作，在项南主导下，团中央与中国作协共同召开了全国青年文学创作者会议。

在轰轰烈烈的扫除文盲运动中，团中央作出决定，要求依靠 3000 多万识字青年，扫除农村 7000 万青年文盲。项南认真贯彻团中央的决定，每年采用青年扫盲队、记工学习班、冬学等形式，发动团员和青年积极分子当小先生，由各地编写扫盲课本，使团中央所抓的扫盲运动实实在在有进展。毛泽东在《中国农村的社会主义高潮》一书的批语中，肯定了山东省莒南县高家柳沟村团支部扫盲工作的经验。这个典型由项南落实树立，胡耀邦向毛泽东报告后，得到毛泽东的高度评价，并推向全国。

十三、与父亲重逢在沈阳

1955 年，项与年在沈阳

1951 年，项南就与父亲项与年取得了联系，这期间一直保持着通信，但直到 1955 年，项南与汪志馨才借着到北京开会的机会，专程去沈阳看望了父亲。分离 21 年的父子终于在沈阳重逢。

项与年到延安后改名梁明德，此时担任辽宁省监察厅副厅长。项与年与项南分手时，项南还少不更事，21 年后父子再相见，项南已经是一名年轻有为的青年团领导人。项与年的喜

1955 年春天，阔别 21 年的项与年（右一）、项南（左一）在沈阳重逢

悦自不待言，但面对熟悉而又陌生的儿子，他心里的话又不知从何说起。

　　跟随中央红军长征之后，项与年在途中接受新的任务到白区开展地下工作。第二次国共合作之后，组织安排他到延安中央党校学习。抗日战争期间，先后在关中和绥德任统战部长。解放战争期间，参与了创建东北根据地的工作，先后在松江省（今属黑龙江省）和辽宁省工作。对于自己当年地下斗争的经

1955年，项南夫妇与父亲项与年在沈阳北陵。前排右一为项
小青，右二为项小白

1955年国庆节，项南父亲项与年、母亲王村玉带孙子、孙女
在天安门广场

1956 年，项与年在北京

1958 年，项南与父亲在广州

1960年，项与年在海南榆林

历，项与年一两句话就带过了。即使面对已经是党的高级干部的儿子，对党的秘密，项与年也是三缄其口。

父子见面，有一个无法回避的话题——父亲在延安时，与一位名叫吴健的女同志结婚，又组建了新的家庭。项南夫妇到沈阳来探亲，吴健心中很有顾虑。她甚至提出，愿意主动退出，成全项与年家庭的团圆。

项南也感到为难。母亲找到了，父子也相见了，父亲与母亲却难以相见。哪有做儿女的不希望自己的父母破镜重圆呢？但在战争年代，父亲与吴健的结合也无可厚非。项南不是一个守旧的人，但由他向父亲谈这件事，一时难以开口。

这个艰难的使命最终还是由汪志馨来完成。汪志馨与吴健一见如故。她们年纪相仿，经历相似，虽是初次见面，却有许多话说。倒是公公项与年在儿媳面前不苟言笑，显得很拘谨。

汪志馨批评项与年对家庭和结发妻子王村玉没有尽到应尽的责任，项与年坦然接受。汪志馨对公公说，你现在有了新的

20 世纪 90 年代，项南夫妇在陕北绥德寻访父亲的战斗足迹

家庭，我和项南也都不反对。母亲王村玉和我们住在一起，以后也不会来找你。但她希望公公不要和婆婆办离婚手续，以免让婆婆伤心。有机会的话，项与年也应该去看看项南的母亲。

项南夫妇此行，还带了女儿项小青与次子项小白。两个孩子第一次坐火车经历这么长的旅程，一路上抑制不住兴奋与好奇。他们不理解大人之间发生了什么事，面对身材比爸爸还高大的爷爷，总感觉有些胆怯。

久别后的重逢让人欣慰，项与年陪项南夫妇及孩子们游览了沈阳北陵，观看了市容。在春寒料峭的早春，他们的心都被亲情温暖着，笑容像阳光一样灿烂。

十四、侥幸躲过打右派的厄运

　　1957 年 5 月 5 日至 25 日，在北京召开了中国新民主主义青年团第三次全国代表大会。参加大会的代表共 1493 名。这时，中国新民主主义青年团已经成为一个拥有 2300 万团员的全国性的组织，有基层组织 92 万个。就是在这次大会上，胡

1957 年，毛泽东、刘少奇接见青年团三大代表

1957年5月，中国新民主主义青年团更名为中国共产主义青年团。图为中国共产主义青年团第三次全国代表大会上，共青团员们向大会主席团献花（二排左五为项南）。项南在本次大会第一次全委会上当选为团中央书记处书记

耀邦当选为团中央第一书记，项南当选为团中央书记处书记。

就在共青团三大召开期间，中央接连发出了《中共中央关于继续组织党外人士对党政所犯错误缺点展开批评的指示》（1957年5月4日）、《事情正在起变化》（1957年5月15日）、《中共中央关于对待当前党外人士批评的指示》（1957年5月16日）几份文件。

沉浸于共青团三大胜利召开的繁忙和紧张之中，无论是胡

耀邦还是项南都没有多想，反右派运动与共青团的工作之间会有多少联系。但这些发至省部级的文件，已经让他们感觉到将会有一场严肃的政治斗争发生，因此出言都十分谨慎。

共青团中央机关报《中国青年报》，在当时是一份深受广大青年喜爱的报纸。胡耀邦对如何办好《中国青年报》有过一些指示。1956年，胡耀邦提出了"大表扬，大批评"的办报方针，使报社的同志们深受鼓舞。在他的支持下，创办了专门刊登讽刺、批评性稿件的"辣椒"副刊，受到广大读者的热烈欢迎。

1957年5月，当选中国共产主义青年团中央书记处书记兼团中央宣传部长时的项南

1957 年，日本各地友好团体在车站欢迎以项南为团长的中国青年代表团

项南不是分管报纸的主要领导，但无论作为团中央宣传部部长，还是团中央书记处书记，都坚定支持要多刊登批评性稿件。他自己就曾写过不少针砭时弊的杂文。但好景不长，从1957 年上半年开始，来自高层的批评与责难越来越多，从胡耀邦到团中央分管宣传的项南以及报社总编张黎群，都承受着巨大的压力。"辣椒"变得越来越不辣了，以致有读者画了一

上图、下图：1957年，项南在日本有关团体举行的欢迎会上致辞

1957年，项南率中国青年代表团在日本各地访问

1957年，项南（左三）与日本青年社团联欢

1957 年，项南访问日本时，参观日本的机械制造厂

幅漫画寄到报社——一个买菜的人问卖菜的人：有没有不辣的辣椒？回答是：有，到《中国青年报》上去找！

胡耀邦能保住"辣椒"不停刊，不再追及其他，已经是非常不容易了。

1957 年 6 月，应友好团体日本青年与妇女会议邀请，项南率领中国青年代表团对日本进行了为期 29 天的访问。

紧接着，1957 年 7 月 28 日，项南担任副团长，随同以胡耀邦为团长的中国青年代表团前往苏联参加世界青年联欢节，对苏联的各加盟共和国进行了长达 45 天的访问。

访苏回国途中他们又顺道对新疆等地考察。此时正是

1957 年反右运动最紧张的一段时期，项南有 3 个月时间不在
北京，远离了这场残酷的政治斗争。或许正因为如此，他才躲
过了被打成右派的厄运。

十五、参加第六届世界友好青年联欢节

1957 年 7 月 28 日，以胡耀邦为团长、项南等为副团长的中国民主青年代表团启程前往莫斯科，参加第六届世界友好青

1957 年，项南（左三）与胡耀邦（右三）率团访问苏联，与各国青年领袖们在一起

1957 年 8 月，项南（右二）与胡耀邦（右三）在中国驻苏联大使馆。左一为时任中国驻苏联大使刘晓

年与学生和平友谊联欢节。这是一个规模空前的代表团，包括工农业战线上的先进生产者、青年工作者以及民主党派、宗教界、文艺界、少数民族、归国华侨等各方面的代表，还有 3 个歌舞队、2 个京剧团和 1 个杂技团，加上已经在海外的 500 多名留学生，总人数超过 1200 人。

这次访苏的行程历时 45 天。3 万名来自世界五大洲的青年参加了这次盛大的联欢节。代表团在参加和平友谊联欢节之外，还与苏联共青团各级组织进行了广泛的交流。

　　胡耀邦与项南率领的中国青年代表团，是来自社会主义国家阵营最大的代表团之一。中国青年代表团与各国青年代表团进行了广泛接触和交流。

　　西方各大通讯社报道了许多关于中国青年代表团的消息，

1957 年，项南与胡耀邦访问苏联

1957 年，项南在苏联苏呼米黑海岸边与海豚嬉戏

国内的《参考消息》也转载了其中的一些内容。

在冷战时期，中美关系处于极度紧张的情形下，胡耀邦与项南、吴学谦等中国青年代表团的领导人，积极主动地利用世界友好青年与学生和平友谊联欢节这一平台，宣传新中国，向各国青年介绍新中国的成就，宣传中国人民爱好和平反对战争的主张，在各国青年中播撒友谊的种子，取得了巨大的成功。

参加完联欢节的各项活动，项南与胡耀邦继续在苏联各加盟共和国进行访问。他们先后访问了俄罗斯、乌克兰、格鲁吉

亚、哈萨克斯坦，参观
考察了许多城市，走访
了许多工厂和集体农庄。
回国之后，项南写下了
《重访苏联的感受》，在
《中国青年报》上连载，
还向首都4000多名团员
青年作了学习苏联建设
社会主义经验的报告。

1957年8月，项南在苏联海滨城市
苏呼米

十六、骤然降临的“反右倾”风暴

结束访问苏联的行程回到国内，已经是 1957 年 9 月初。

一到新疆乌鲁木齐，胡耀邦就着急挂通了团中央的电话，向在家主持工作的罗毅了解团中央反右运动的情况。当他听罗毅说已经在团中央打了 100 多名右派时大惊失色，要罗毅立刻刹车，等他回去再说。

胡耀邦与项南顺道在西北视察工作，返回北京已经是 9 月中旬。他们一回到北京，就感觉到了政治空气的沉重。

团中央机关打了 71 名右派，光是 100 余人的中国青年报社，就打了 17 名右派，都是主编、副主编、主任编辑和业务骨干。与项南十

1957 年，项南与胡耀邦参观敦煌莫高窟

1957 年 9 月,项南(前排左五)、胡耀邦(前排左四)与武威地委、市委、团委的同志在一起

分熟悉、工作上交往甚多的钟沛璋、陈模等人都被打成右派,就连总编辑张黎群也差点被打成右派。胡耀邦连声惊叹:损失惨重。

项南的脊背阵阵发凉。如果这些同志说的一些话也算是右派言论,那项南平时的许多讲话和报告与之相比有过之而无不及。从团的地方负责人到团中央领导人,项南素以能言敢言著称。在接下来的一段时间里,无论是到外地视察工作,还是给

1957 年 9 月，项南（前排右二）、胡耀邦（前排左三）与共青团张掖地、市、县委的负责同志在一起

团员青年作报告，项南出言谨慎了很多。在发表文章时也不忘泛泛批判一下右派，但在内心深处，项南对这场反右运动很不理解。

1958 年，整个中国陷入了"大跃进"的狂热。报刊上反右的内容被宣扬"总路线""大跃进""人民公社"的内容所取代。可就在这时候，一件旧事重提，使团中央的政治空气骤然紧张起来。

  1958 年 5 月底，中共中央书记处分管共青团工作的书记
召集团中央几位领导开会。团中央第一书记胡耀邦和几位书记
处书记刚一落座，这位书记就厉声问：总工会开始批判右倾，
批判赖若愚，你们知道批判他的实质是什么吗？

  对这位领导人的问话，大家面面相觑，不知该如何回答。

  这位书记处书记自问自答：就是群众团体和党的关系问
题。你们回去要查一查，共青团里有没有这样的人？

  1958 年上半年，共青团三届三中全会召开在即，团中央
高层却不得不贯彻上级指示，在内部找"右倾分子"向中央交
差。这时，有人翻出了 1956 年共青团三大前项南代表团中央

1957 年 9 月，项南与胡耀邦在兰州考察

画传 | XIANGNAN HUAZHUAN

起草的《十点建议》。

共青团三大是中国共青团历史上一次十分重要的会议。为了这次会议的顺利召开，很早就开始了紧张的筹备工作。项南作为团中央宣传部长，也是胡耀邦十分看重的笔杆子，为了起草会议文件，有时吃饭、睡觉都在胡耀邦位于北京富强胡同六号的家中。

1957年，项南在嘉峪关

1953年6月，毛泽东在接见出席青年团二大代表时，发表了《青年团的工作要照顾青年的特点》的谈话，毛泽东指出："青年团对党闹独立性的问题早已过去了。现在的问题是缺乏团的独立工作，而不是闹独立性。"他还进一步解释说："青年团要配合党的中心工作，但在配合党的中心工作当中，要有自己的独立工作，要照顾青年的特点。一九五二年我同团中央的同志谈话，出了两个题目要团中央研究，一个是党如何领导团的工作，一个是团如何做工作。两个题目，都包含了如何照顾青年的特点。各地方党委反映，对青年团的工作是满意的，满

意就在配合了党的中心工作。现在要来个不满意，就是说青年
团的工作还没有适合青年的特点，搞些独立的活动。党和团的
领导机关，都要学会领导团的工作，善于围绕党的中心任务，
照顾青年特点，组织和教育广大青年群众。"

　　1958 年 6 月 11 日，共青团三届三中全会期间，毛泽东、刘少奇、周
恩来、朱德、陈云等中共中央领导人接见出席会议的全体同志并合影留
念。左起：胡耀邦、邓小平、陈云、朱德、毛泽东、刘少奇、周恩来、林
彪、项南

　　为了开好共青团三大，团中央指定梁步庭、项南，根据毛泽东这次讲话的精神，结合青年团实际，对团的工作如何开展，提出一些具体看法和改进意见。

　　几个月后，梁步庭与项南分别拿出了两个发言讨论稿。梁步庭的题目是《在团的建设上，希望三大解决三个问题》，项南的题目是《十点意见》。这十点意见的中心内容就是："青年团要有自己的特点，使青年团真正成为党联系青年的纽带""扩大民主生活，为了充分发挥青年建设社会主义的积极性和创造性，必须扩大团内民主，实行真正的自下而上的选举，开展自由活泼的争论""建立青年活动的中心场所""扩大自治权。群众团体主要依靠当地青年要求和可能条件办事"。在《十点意见》中，项南还提到了青年团经费独立、改变完全依靠国家、自己不管家务的办法，认真收集团费，办好企业以及机构精简等问题。

　　《十点意见》是项南代表团中央书记处起草的发言稿，甚至事前指定的发言人都不是项南，而是团中央书记处书记罗毅。罗毅因为跟随陈毅副总理赴西藏参加第一届西藏青年代表大会，才临时指定项南发言。

　　梁步庭与项南的发言稿在团中央内部讨论的时候，得到了大家一致好评。经团中央常委会讨论，决定以团中央书记处的名义，将项南代表团中央起草的《十点意见》上报中央书记处，并印发到全国各省、自治区、直辖市团委征求意见。

1987 年，项南去看望中共山东省委书记梁步庭时在山东临清合影

　　这份报告很长时间没有得到答复。时任团中央办公厅主任的梁步庭向中央办公厅一位同志打听消息。这位同志悄悄告诉

他："康老（康生）看了这个报告，他说，这是青年团向党要权呐。"

梁步庭大吃一惊。可当时胡耀邦与项南正在东北考察途中，他无法将这个讯息向胡耀邦汇报。他一边关注胡耀邦与项南一路的讲话，一边焦急地等待他们回来。

胡耀邦一回到北京，梁步庭就向他作了汇报。但这毕竟不是中央领导正式向团中央转达的意见，胡耀邦和项南也没有把这个传闻太当回事。

中央书记处一位书记向团中央布置了抓"右倾分子"的任务之后，团中央就有人准备了批判材料，只是项南还蒙在鼓里，对此毫无觉察。

1958 年 6 月 2 日召开的共青团三届三中全会分为两个阶段：第一阶段交流"大跃进"以来团的工作经验，讨论当前的工作，指出今后的主要任务；第二阶段，突然转向讨论党对共青团工作的绝对领导问题，实际上是转向了对项南的批判。

项南起草发往全国各级青年团组织的《十点意见》，被批判成"反党反社会主义右倾机会主义的青年运动纲领"，是向党要"人权、财权、活动权和发言权"，是"提倡群众化、民主化和自由化"。

本来只需一个星期就能开完的全会，整整开了 73 天。会议最后作出了《关于项南错误的决议》。宣布了处分决定：撤销项南党内外一切职务，留党察看两年。与他一起受批判的还有团中央书记处书记梁步庭，也受到了警告处分并被撤销团中央书记处书记职务。

那段日子是项南一生中最艰难的时刻。他出身红色家庭，青年时代入了党，对党忠心耿耿，从来没有想到自己会成为"右倾分子"。

在接受批判的日子里，项南和夫人汪志馨寝食难安，常常整夜失眠。昨天还在一起亲切共事的同志，一夜之间就变得陌生，会指着项南的鼻子进行毫不留情的批判；明明是一份经团中央书记处授权起草的讲话稿，当时得到了大家的认可和好评，现在却成了项南的"反党材料"。就这样，这份以团中央名义上报中共中央并发往全党的文件，最后却要项南个人承担一切责任。

在半年多的时间里，团中央大会小会不停地对项南进行批判，把项南历年来的报告、文章都翻出来，不惜断章取义，罗织他的各种"反党"言论。在宣布对项南的处分前，团中央还准备在中央团校召开一个两千多人的批判大会，继续批判项南。事前还专门通知汪志馨要在这个大会上发言。

汪志馨也是团中央的重要干部，要她在这样的大会上批判项南，公开表态与项南划清界限，对她来说是一件非常艰难痛苦的事情。如果拒绝发言批判项南，不公开宣布与项南划清界限，那样的后果汪志馨很清楚，她也会成为"右倾分子"。如果两个人都倒下了，这个上有老下有小的家怎么办呢？

正当项南夫妇内心痛苦挣扎之时，汪志馨忽然接到团中央办公厅通知，要她跟随团中央第一书记胡耀邦去河北徐水县考察工作。接到这个通知，如同即将溺水的人忽然抓到一个救生圈，汪志馨顿时松了一口气。

　　汪志馨跟胡耀邦从徐水出差回来，批判会已经开过了，她也不用站在台上当面批判项南了。事后想想，这趟出差任务，与她的工作一点关系也没有，是胡耀邦帮助她渡过了这个难关。几十年后回忆起这段往事时，汪志馨仍然心存感激。

十七、下放北京市东郊农场劳动

被打成"右倾分子"后,项南很快被下放到北京市东郊农场参加劳动。1957年的反右派,主要是针对党外人士和知识分子。1958年的"反右倾",则有不少党内的领导干部牵涉其中。但真正被

1961年,项南在北京东郊农场

打成"右倾分子"下放劳动的副部级以上高干,在北京也只是寥寥可数的几位。

项南去东郊农场劳动,正值1958年国庆前夕,家家户户都在准备过节。汪志馨强忍心中的悲痛,为项南打点行装,送他去东郊农场报到。

项南在农场劳动三年，与农场的干部职工结下了深厚的友谊。图为项南与农场党委书记李众仆在一起

汪志馨与项南从战争年代一路走来，经历日伪军残酷的大"扫荡"，也经历过苏北整风那种人人过关的政治运动，不管外部环境多么艰苦，也不管受过多少委屈，项南总是乐观地安慰她，告诉她，一切都会过去的。

作为团中央委员，汪志馨参加了共青团三届三中全会，看见项南被没完没了地批判，一次一次地作检讨，她心如刀割一样难受。扣在项南头上的"右倾分子"的大帽子，对他们这个家来说几乎是灭顶之灾。

尽管汪志馨外表看上去柔弱，但内心十分坚强。一向忙忙碌碌的项南，突然闲了下来，平时那么健谈，现在却找不到可以说话的人。此时，汪志馨最大的担心是怕项南在巨大的政治压力下想不开。让汪志馨感到有些宽慰的是，除了按要求没完没了地写检查外，项南每日仍然坚持看书看报，他甚至把自己多年来没空整理的照片拿出来，一张张细心地整理成册。但是，在他们居住的团中央大院里，人们再也听不到项南爽朗的笑声了。

每次回到大院，项南的心中总有一种挥之不去的阴影。而一到东郊农场，项南就好像立刻变了一个人。面对京郊那片欣

项南与公社的青年农工在一起

1961年，项南在东郊农场劳动期间，与中宣部副部长张磐石(右三)、朝阳区委书记刘玉满（右二）、农场场长李众仆（右一）在中国农业展览馆参观

欣向荣的土地，面对东郊农场那些朴实的农工，还有那些对他非常倚重和信任的农场领导们，他重新找到了自信与尊严。在这里，没有人把他当作"右倾分子"，也没有人把他犯的"错误"当一回事。

项南本来就是大山和农民的儿子，他很快和农工们打成一片，并成为农场领导的主心骨。时任农场领导的郑琮和李众仆的心里，项南虽然不是上级任命的场领导，却是他们大家公认的"领导"，农场大事小事都和他商量，许多事情党委讨论时都让他参加，最后也都是照他说的办。所以大家都亲切地称他"项头"。

东郊农场是北京最早组建的国营农场之一。1958年又将来广营人民公社合并进东郊农场，改称和平人民公社，后来又

1961年，项南与北京东郊农场李众仆等农场领导在一起

项南下放期间在水库工地上劳动

改为中阿友好人民公社。项南刚来的时候，农场方面曾接到通知，要注意"右倾分子"项南的言行。项南来了一段时间后，大伙觉得这是一个难得的好人，这样的人怎么会是坏人呢？

在农场领导郑琮的眼里，项南这人没有一点架子，有时还很顽皮，不像一个大领导。当时农场有一辆摩托车，开始时，项南每个月回家一两次，大都是郑琮开摩托车送他回北京。后来，项南学会了开摩托车，有时候就自己开回去。一次还差点在机场路上闯祸。

那天不知是哪国的外宾来了，警察把整个机场路都封了。

20世纪60年代的全家福。右起：项南、项小青、项小蓝、汪志馨、项小绿、项小白、王村玉（项南母亲）、项小米、项小红

可没想到项南从农场的岔道驶上了机场路。警察看见有一个穿风衣戴墨镜的人驾着摩托车闯进了封锁路段，全都慌了，立即开警车去追赶。项南一看有警车追来了，知道事情不妙，加大油门狂奔，仗着对周边地形熟悉，一溜烟开进庄稼地，沿小路开回了农场。事后警察还到农场来查问，大家都说没看见过这个人。

1958年，本来自然条件与农牧业基础都不错的东郊农场也搞起了"大跃进"，办起了大食堂。连那些小脚老太太都得走二里地到大食堂来打饭。

20世纪60年代，项南夫妇和儿子项小绿一起攀登长城

1957年，项南、汪志馨在北京颐和园

项南看不下去，与农场领导商量之后，悄悄把大食堂解散了。

北京市农场管理局原局长刘明当时在东郊农场挂点，和项南成了无话不谈的好朋友。刘明后来回忆说，"项南在这里下放，你看不出他的情绪有什么不对，照样谈笑风生，对国家的大事很关心。实际上第二年北京市国营农

20 世纪 60 年代，项南与汪志馨在北京

场管理局就给他在东郊农场安了个副主任，可是他照样与农工实行'三同'（同吃、同住、同劳动）。项南有个习惯，每天都读大量的报刊，把农场订的所有报纸都浏览一遍。他一般一个月才回去一次，工作之余就在他住的那间小平房里看书读报。"

东郊农场改成中阿友好人民公社后，经常有外宾来参观。农场领导经常让项南去陪这些客人。项南出过国，在团中央经常参加外事活动，因而接待外宾谈吐自如。这不止一次让来参观的老外吃惊，他们说，中国不得了，连国营农场的领导都有

项南为家人拍摄的照片。项南母亲王村玉（后排左二），夫人汪志馨与六个子女。右一为汪志馨的父亲、孩子们的外公

这么高的水平。

"大跃进"的浮夸风吹得许多人头脑发热，项南却在东郊农场脚踏实地做事情。项南让大家不要听虚假的宣传，要顺应生产规律搞好农业生产。当时上级号召深翻土地，报纸上还发表了社论，说是那样可以多打粮食。项南不相信，他说深翻过的土地都是生土，怎么种庄稼？大家就商量好，只是应付一下上级的检查，没有深翻土地。结果，那些深翻了土地的农场和公社，第二年全都大面积减产。只有东郊农场没有深翻土地，

反而获得了丰收，大家都佩服项南的先见之明。

1960 年，"大跃进"的恶果显现，全国陷入大饥荒。为了减轻汪志馨的负担，项南把长子项小红弄到农场附近的中学读书。粮食不够吃，总有些农工们会给他和儿子送些花生、红薯、鸡蛋什么的。这使项南一家人在那场弥漫全国的大饥荒中还能得到一些城里人十分稀罕的食物。因此，在项南子女们的记忆里，东郊农场是一片乐土。放假的时候去看望父亲，父亲教他们开拖拉机、赶马车，和他们一起去摘草莓。父亲从来没有在他们面前抱怨过什么，以致几个年幼的兄妹一直不知道父亲为什么要到农场去，以为他只是换了一个工作。

十八、八机部部长陈正人的胆识

项南 1961 年底离开了东郊农场。

初冬的一天，项南接到中央组织部打来的电话，要他到第八机械工业部（即农机工业部）找陈正人部长报到。项南急忙找到郑琮，要郑琮开摩托车送他去八机部。

项南和陈正人部长足足谈了两个多小时才出来。一看项南满脸喜色，郑琮知道一定是好事。没等郑琮开口，项南对他说，走，我请你下馆子！那年头下馆子吃饭是一件很奢侈的事情，困难时期还没过去，大街上行走的人们大都面有菜色。两人交往几年了，一向节俭的项南第一次请郑琮到饭馆吃饭。

1962 年，八机部部长陈正人在万寿路 10 号寓所门前

两人一落座，项南就对郑琼说，组织上给我重新安排工作了，到八机部办公厅工作，陈部长跟我谈了很多。你知道吗？陈正人部长可不简单呢，他是老资格，井冈山时期的老革命，当过江西省苏维埃主席。

让项南这么"著名"的"右倾分子"去八机部工作，而且一去就在部机关担任办公厅副主任，不能不佩服陈正人的胆识。从那个时代过来的人都知道，这样做在政治上有很大风险。那时候人们对"右倾分子"避之唯恐不及，哪有几个像陈正人这样的部长敢要一个"右倾分子"到身边工作呢？

向陈正人推荐项南的正是胡耀邦。

项南、梁步庭被打成"右倾分子"这件事一直让胡耀邦内心难以平静。这两人恰恰都是他最亲近的干部，团中央起草文件主要依靠他们。梁步庭算是"软着陆"，后来撤销了处分，还留在团中央。而项南本来只是撤销职务，下放东郊农场劳动。1959 年庐山会议之后，按上边的指示，对项南这些"右倾分子"加重了处分，行政降两级。这意味着工资要减少几十元，项南家庭人口多负担重，降级是雪上加霜。

在批判《十点意见》的时候，项南承担了全部责任，其实也是为团中央书记处承担了责任。在以后很长的一段时间里，胡耀邦都努力想法为项南平反。但这些努力随着八届十中全会重提阶级斗争和批判彭德怀写八万言书"翻案"事件而化为泡影。

1962 年，项南与八机部部长陈正人在北京万寿路 10 号

　　胡耀邦还是抓住了一个机会。1961 年 7 月 19 日，中共中央发出《关于自然科学工作中若干政策问题的批示报告》，要求对几年来批判错了的知识分子进行甄别平反。这一批示和同年 9 月中央统战部、组织部、宣传部共同召开的第一次全国改造右派分子工作会议传达出的信息，使胡耀邦觉得有可能解决项南的工作问题。

　　胡耀邦知道，让项南再回团中央是不可能了，项南自己也一定不愿意再回团中央工作。但是哪个部委能接收项南呢？他想到了八机部部长陈正人，这是一位实事求是、爱护干部的老领导。陈正人参与创建井冈山革命根据地，连毛泽东都亲切地称他为"老战友"。一次开会，胡耀邦找到陈正人，向他介绍了项南的情况。陈正人一口答应。他对胡耀邦说，让项南到农机学院去当院长。

　　胡耀邦摇头。他对陈正人说，把项南放在农机学院有点可惜，项南是个难得的人才，是个笔杆子，你把他放在自己身边会更好。

　　陈正人一锤定音：那好，就让他到部办公厅当副主任。

　　就这样，项南离开了东郊农场，结束了三年多的下放劳动生活，到八机部报到了。

十九、接连拿出农业机械化问题的调研报告

八机部原称农机工业部，成立于 1959 年。国务院序列里原来并没有农机工业部。1959 年 4 月 29 日，毛泽东以《党内通信》的形式，发表了一封致省、地、县、社、队，直至生产小队一级的信，毛泽东在信中提出了"农业的根本出路在于机械化"，称"要有十年时间。四年以内小解决，七年以内中解决，十年以内大解决"。同年 8 月，在庐山召开的中共八届八中全会上，确定以农轻重为序安排国民经济计划。毛泽东主席再次提出要成立农业机械部。毛泽东甚至说，如果找不到部长，那就由他来当这个部的部长。

时任中共中央农村工作部副部长的陈正人，主动请缨去组建农机工业部。1965 年，该部又改称为第八机械工业部。

项南在团中央工作期间，与胡耀邦先后参观考察过长春中国第一汽车制造厂、鞍山钢铁厂、富拉尔基机械制造厂、洛阳拖拉机制造厂、洛阳矿山机器厂、克拉玛依油田、兰州炼油厂等大型国营企业，对新中国工业建设的成就感到由衷自豪。他不止一次萌生过投身于祖国工业建设的想法。

1962年，项南（左四）与陈正人（右三）、陈正人夫人彭儒（右五）及子女、身边工作同志等在北戴河

到八机部之后，项南带着理想的激情与甘当小学生的谦虚态度，认真刻苦学习和钻研农业机械问题。他还利用工作之便，向所接触的许多农业机械专家请教，很快就由外行变成了内行。

陈正人部长是一位工作经验丰富、作风踏实、善于调查研究的领导，每年总会有 4 个月左右的时间下基层调查研究。项南一到八机部，就跟随陈正人部长下基层调研考察，熟悉中国农机工业的状况，掌握了大量的第一手材料，很快成为陈正人部长的得力助手。

在陈正人部长的鼓励下，项南到任不到一年，就于 1962年 9 月发表了一篇很有分量的文章《农机科研工作要走在农业机械化的前面》。这篇文章受到多方关注和好评。项南也从此开始了在中国农机政策方面孜孜不倦的研究与探索。

几个月之后，他又在《人民日报》上发表了更有分量的长文《农业机械化的若干问题》。这篇文章从"农业集体化和农

项南能够娴熟地操作各种农业机械。图为项南驾驶国产拖拉机参加劳动

业机械化""道路和方法""要求和步骤""经济资源和技术政策""科学研究和技术队伍"等 12 个方面，对中国实现农业机械化所面临的问题以及应有的对策等做了详细阐述。

项南在文章中谈道："要注意引进外国农机产品，收集最新的科学情报，利用各国有用的经验。"在这篇长文的最后部分，项南描绘了一幅中国实现农业机械化的理想蓝图：

"农业机械化所需要的是一种新人，他不但要能熟练地掌握现代技术，而且要具有新的道德品质，全身浸透集体主义精神。需要多少这样的人呢？我们如果从设计、科学研究、制造、使用管理，以及为它服务的供销、运输、基本建设一直到培养这些人才的学校通通设想一下，就大致可以知道需要多少科学家、工程师、技术员、制造工人、拖拉机手、管理人员和学校教师了。这个数目何止几十万、几百万。可以说，机械化，就是要把我国几亿农民都变成有社会主义觉悟的有文化的劳动者。这是世界上一支最大的现代化的农业大军，也是技术改革所引起的又一次深刻的革命。"

毛泽东十分关注农业机械化问题。这篇文章引起了他的关注，也给党内许多关心农业和农业机械化问题的领导人留下了深刻印象。许多年以后，华国锋、胡耀邦在与项南谈话时都提到过他的这篇文章。

项南到八机部一年多之后，爱才重才的陈正人部长就任命项南为八机部农机局局长，直接负责农机工业的生产与管理。

在八机部工作的四年多时间里，项南对中国农机事业倾注了满腔热情，他与八机部的领导们一起，每年花三分之一的时间下基层调研，孜孜不倦地探索我国农业机械化的前进方向与应该遵循的科学规律。

1963 年 11 月到 1964 年 3 月，项南花了 5 个月的时间，先后走访了河南、湖北、湖南、广东、广西五省区的许多农村和农机企业，后又走访了内蒙、辽宁、吉林、黑龙江四个省区，考察农业机械的生产与使用情况。他先后撰写了《谈稳产高产和农业机械化》《再谈稳产高产和农业机械化》《农业机械化问题考察报告》，分别发表在《人民日报》和《中国农业机械》杂志上，对指导中国农机事业的发展，起到了积极作用。

如何在落后的基础上发展农业机械化，摸索出一条适合中国国情的农业机械化道路，项南始终保持着清醒的头脑。

1962 年 9 月，他撰写了一份调查报告《农村手推车见闻》。在当时的农村，一辆小小的手推车就能解决很大的生产问题。

根据项南的调查，在当时的农村生产中，差不多劳动力的 40% 都用在运输上。可是，相当广泛的区域却还在使用已经沿用了两千多年的木轮推车。即使有了少量的胶轮推车，却又因为没有了解农民的生产习惯，不能适销对路。为此，项南的调研文章从"农村迫切需要运输工具""农民喜爱手推胶轮车""农民喜爱什么样的胶轮车""农民对手推胶轮车的意见"四个方面，提出了对手推胶轮车的生产销售各个环节进行改进的意见，受到了生产厂家和广大农民的欢迎。

陈正人和项南这一代中国农机事业的开拓者，他们领导的中国农业机械化事业，正是从这样小小的手推胶轮车开始起步的。

二十、在洛阳拖拉机厂"蹲点"一年

1964年，项南跟随陈正人到洛阳中国拖拉机第一制造厂"蹲点"，参加社教运动。这次"蹲点"时间长达近一年，不是一般的调查研究，而是一次真正深入工人群众的劳动实践。他

1964年，项南（后排左四）与陈正人（前排左三）在洛阳拖拉机厂"蹲点"

们拜工人、技术人员为师,边劳动边学技术,既学手艺又学管理。

项南与陈正人部长等将办公场所从北京转到洛阳。他们住在工厂简陋的宿舍里,一日三餐与工人一起排队吃大食堂,每天和工人一样按时上下班,从不搞特殊化,受到了洛阳拖拉机制造厂工人的高度评价。

1964 年 12 月 4 日,陈正人给中央写报告,汇报了"蹲点"的收获和体会。1965 年 1 月 29 日,毛泽东肯定了陈正人这种深入工人群众参加生产劳动实践的做法,并在这个报告上作了几段批示。其中说道:"如果管理人员不到车间小组搞'三同',拜老师学一门至几门手艺,那就一辈子会同工人阶级处于尖锐的斗争状态中,最后也必然要被工人阶级把他们当作资产阶级打倒。不学会技术,长期当外行,管理也搞不好,以其昏昏,使人昭昭,是不行的。"

"蹲点"一年,使项南对大型装备制造业的生产管理有了进一步的认识。1965 年 1 月 4 日,第三届全国人大第一次会议通过决议,将农业机械工业部改名为第八机械工业部。无论部委的名称怎么改变,在项南的心里,农业机械化的前景都充满了希望和光明。

二十一、"新洲经验"与农业机械化的理想

新中国成立之后，如何解决这个拥有世界上最多人口的国家几亿民众的吃饭穿衣，一直是毛泽东和一代中国共产党人苦苦思索与探求的问题。

1950 年 5 月，为了尽快恢复被战争破坏的农村生产力，中共中央和政务院在中南海举行了一个为期 50 天的新式农具展览会，党政军领导都去参观。

那一年《人民画报》8 月号上的封面人物，是两位女拖拉机手的照片。其中一位女拖拉机手梁军，后来成为家喻户晓的人物。她英姿飒爽地驾驶拖拉机行进在田野中的形象被印成日历和年画，成为那个年代的标志性人物。这些举动足以说明新中国领导人对于改良农机具、逐步实行农业机械化的重视。

少年时接受陶行知的教育思想，青年时有实业报国的理想，参加革命后项南又对列宁的共产主义就是"苏维埃加电气化"的论述深信不疑。两次去苏联访问归来，项南都热情洋溢地向中国青年介绍苏联的工业建设和集体农庄农业机械化的情况，鼓励青年投身于农村建设的伟大事业。

　　1955 年，青年翻译家草婴将苏联女作家尼古拉耶娃的小说《拖拉机站站长和总农艺师》翻译成中文。在胡耀邦和项南的支持下，这部小说首先在发行量达 300 万份的《中国青年》杂志上连载，后来又由中国青年出版社出版，第一版就发行了 124 万册，打破了中国当代翻译小说印数的纪录。小说的主人公娜斯佳也成为一代青年们学习的榜样。

　　到八机部工作的 5 年时间里，项南深入大江南北十几个省区进行调研，阅读了大量关于农业机械化方面的理论书籍和国际农机工业的情报资料，在陈正人部长的支持下，对中国农机工业走什么样的道路进行了积极的探索。

　　1963 年，项南到湖北进行调研，从省委领导同志那里知道了新洲县大力发展农业机械化获得棉花大丰收的消息。于是专程赶往新洲，在那里进行了一段时间的调查研究，发现了新洲刘集公社这个农业机械化的典型，总结出了著名的"新洲经验"，并亲自撰写总结文章，刊登在《人民日报》上。

　　项南为新洲大搞农业机械化总结了两条经验：一是他们摸索出一条在人多地少的地方如何实现机械化的具体道路。具体说，就是坚持机械化和半机械化并举的方针，以动力为纲，从排灌入手，实行综合利用，发展农副产品加工、脱粒机械化和植物保护机械化，同时逐步发展耕作、运输机械化。这和我们一些人少地多的地方要从耕作、运输机械化入手，是一个很大的不同。二是他们实现机械化，不是依赖国家，而是主要依靠自力更生，依靠集体经济力量，充分发掘人民公社、生产队内部的潜力。

　　项南总结的"新洲经验"，使湖北新洲县刘集公社成为像大寨一样的先进典型，极大地鼓舞了湖北省发展农业机械化的积极性，他们开始在全省推广"新洲经验"，刘集公社也成为全国农业机械化的一面红旗。

　　1966年2月5日，湖北省委向中央报告了关于逐步实现农业机械化的设想，引起了毛泽东的高度重视，并在这份报告上作了批示：

任重同志：

　　此件看了，觉得很好。请送少奇同志，请他酌定，是否可以发给各省、市、区党委研究。农业机械化的问题，各省、市、区应当在自力更生的基础上做出一个五年、七年、十年的计划，从少数试点，逐步扩大，用二十五年时间，基本上实现农业机械化。至于二十五年以后，那是无止境的，那时提法也不同了，大概是：在过去二十五年的基础上再作一个二十五年的计划吧。目前是抓紧从今年起的十五年。已经过去十年了，这十年我们抓得不大好。

毛泽东

一九六六年二月十九日

按照毛泽东的这个时间表，中国要在 1980 年基本实现农业机械化。

1966 年 2 月，为了贯彻毛泽东的这一指示，八机部召开了全国农业机械管理计划会议，讨论《农业机械化"三五"规划要点》，项南在会上作了《用毛泽东思想作指针，破除洋框框，走自己的路》的专题发言，全面论述了实现农业机械化的设想。

项南在报告中指出："对于如何实现我国农业机械化问题，毛主席有很完整很系统的论述。最近我们把主席对这方面的直接指示和间接指示汇集起来就有 40 条之多。"

根据毛泽东的讲话和指示精神，项南在这个发言中大胆而审慎地提出了关于实现农业机械化的速度与程度的设想：

从全国各省区来说，前 5 年，是否可以这样设想，一方面抓紧农机工业建设，一方面在长江、珠江三角洲和京沪地区基本实现机械化；7 年内在湖北、广东、江苏、东北三省、新疆等省区实现机械化；10 年内在大多数省区争取基本实现机械化；一部分省区在 15 年内基本实现机械化。

那时候，无论是项南还是其他党内高级干部，都对毛泽东提出的 1980 年实现农业机械化的目标深信不疑。在当时看来，这并非一个遥不可及的乌托邦式的空想，它有 10 年的农机工业建设与积累为坚实基础。

从 1966 年到 1978 年，中共中央和国务院，先后 3 次召开了全国农业机械化会议。项南参加了这 3 个会议，也是会议文件的重要起草人之一。

如果没有持续 10 年的动乱，没有整个国民经济的全面倒退，即使不能实现这个目标，也可以朝着这个目标大大前进一步。遗憾的是，20 世纪六七十年代的中国，政治持续动荡，经济濒于崩溃，已经让这个目标变得越来越遥远了。

二十二、梦魇般的"文革"岁月

"文革"开始后，陈正人和项南等一大批干部都被打成了"走资本主义道路的当权派"，成为八机部造反派批判的对象。

项南本来就戴着"右倾分子"的帽子，"文革"中更难逃厄运。

1967 年，项南被关进牛棚，不但要忍受没完没了的批斗，还被造反派看管着干许多重体力活。年近 50 的人，扛着上百公斤的粮食装车卸车，有一次不小心连人带麻包摔进一个大坑里，半天都爬不起来。项南本来就患有心内膜炎，在动乱中饱受摧残，一下子苍老了许多。

"文革"期间，项南被打成"走资本主义道路的当权派"。1969 年，项南在黑龙江依兰县"五七"干校劳动

汪志馨想让孩子们去看看项南，送点吃的东西给他，但每次都被造反派凶狠地赶回来。整整两年，除了二女儿项小米有一次幸运地见到了父亲，家人都没能见到他。项南的工资被扣发，家里的存款被冻结，全家9口人，就靠汪志馨一个人的工资，生活的拮据可想而知。

面对"文革"这样的民族灾难，汪志馨表现出了难得的镇定。1969年，她将要到宁夏平罗国务院系统的"五七"干校劳动。她与项南商量，对子女作了安排。长女项小青跟随项南到依兰，儿子项小白、二女儿项小米跟她去宁夏。最小的儿子项小绿跟奶奶留在北京读书。即使在动乱年代，项南与汪志馨仍然教育子女们对国家对民族的前途要有信心，鼓励他们多读书，不要荒废学业。

1969年，项南在河南信阳"五七"干校劳动

在河南信阳"五七"干校，有拖拉机却无人会开，项南毛遂自荐当上了拖拉机手，他的身手有了用武之地。那

时候拖拉机不仅用来耕田，更多时候还充当运输工具。

项南开着拖拉机在公路上跑运输，着实让不少在大田里劳动的老干部们羡慕不已。有一次，项南开着拖拉机经过潢川境内时，在公路上看到一个熟悉的背影。那不是胡耀邦吗？胡耀邦此时正躬身吃力地拉着一辆板车行进在路上。

1970年，项南被解放，重新走上农机工业领导岗位时在北京家中

项南连忙把拖拉机开到路边停下，迎上前招呼胡耀邦。两人多年未见，更没有想到会在这样的情况下见面，感慨万千，一时竟不知从何说起。还是胡耀邦打破了沉默，他笑着对项南说，还是你好啊，你会开拖拉机，是机械化，我们只能人拉肩扛啊。

看看左右无人，两人便在路边坐下交谈。两人几乎没有谈任何个人的事情，让他们感到担忧的是国家的前途和命运。

过后不久，项南的命运竟然意外地出现了转机。1970年年底的一天，"五七"干校一位军代表突然通知他回北京，说

20 世纪 70 年代，项南夫妇与母亲及子女在北京

是要给他重新安排工作。即使是在"文革"中，毛泽东也没有放弃尽快在中国实现农业机械化的念头。在这种情况下，总得有懂专业的领导干部来负责实施。

项南一到北京，就有人找他谈了工作安排问题。最初得到的消息是，到大西北出任宝成铁路建设副总指挥。项南对铁路建设一无所知，但组织的安排他只能服从。正当他打点行装准备赴任时，情况又有了变化。他被留在北京，仍然回到农机战线，被任命为一机部农机化领导小组组长。

　　早在"文革"前，项南就与当时分管农业的湖南省委书记处书记华国锋有过接触。项南的工作能力和对农机事业的见识，给华国锋留下了印象。1970年，华国锋担任国务院业务组副组长，协助周恩来主管农业工作，他在解放老干部的名单上看到项南的名字和拟任职务时，觉得让项南去搞铁路显然不妥，向周恩来汇报工作时，提出让项南重回农机口，周恩来立即表示同意。

　　持续的动乱，使全国各地的农业机械生产遭到不同程度的破坏。有的工厂从"文革"开始后，就陷入无休止的武斗和派性斗争之中，行之有效的生产管理制度被视为管、卡、压受到批判。在这样的情况下，项南在工作中也是心有余悸，举步维艰。

1975年，项南去贵州考察工作时在娄山关留影

　　不久，一个日本农业机械代表团访问中国，指名要见项南。他们读过项南关于农业机械化的文章，对项南的一些观点很感兴趣，希望与项南会见交流一些看法。

1975 年，项南赴洛阳考察工作期间参观龙门石窟

但一机部一位思想很"左"的副部长却不让项南参加会见。他说，项南这人一贯右倾，怎么能见外宾？他安排办公室一位不懂业务的副主任去见外宾。这位副主任只好去找项南，让项南给他介绍了相关的情况，再由他去向日本人介绍。

这件事情让项南心情郁闷，他特别想念远在宁夏平罗"五七"干校下放劳动的汪志馨和孩子们，就向部里请了假，专程去宁夏看望汪志馨和孩子。

列车到达银川已经是晚上，项南在银川找了个小旅馆住了一夜，第二天一早就继续坐火车赶往平罗，几经周折，才找到汪志馨所在的连队。

突然见到项南，汪志馨简直不敢相信自己的眼睛。这对患难夫妻百感交集，倍加珍惜难得的见面时光。他们都有一肚子的话想要倾诉，可"五七"干校简陋的条件和军代表的冷漠，让他们难以找到单独相处的空间。看到了干校附近的那些准备用来兴修水利工程的水泥涵管，项南有了主意。他和汪志馨把铺盖搬进水泥涵管，两头用床单一挡，就成了一间临时宿舍，这样两人至少有个可以说话的地方了。

二十三、思想解放的先行者

在中国实行改革开放政策前，项南是少数有机会走出国门的省部级领导干部。

1976年，项南率队赴河南指导工作时参观洛阳白马寺。左一为项南秘书鲁恩奇

20 世纪 50 年代，项南就两次访问过苏联，对苏联强大的重工业与集体农庄的农业机械化留下了深刻印象。1957 年，项南率青年代表团访问日本，亲眼见识了日本战后经济的飞速发展。回国后，他曾对团中央的一些领导讲述访日的见闻，对日本经济上取得的成就大加赞扬。他的这些议论，在 1958 年曾被当作"右倾"言论受到批判。

多年身处逆境，项南学会了独立思考。在八机部工作的最大便利，就是因工作需要可以看到世界各国工业发展状况的大量情报资料。在那个闭关锁国的年代，项南对世界科技发展状况的了解没有中断。

随着美国总统尼克松 1972 年的成功访华，中美双方逐渐开始了一些人员往来和相互访问。1976 年，由中美学术交流委员会邀请，项南率团考察美国农业。

为了这次考察访问，项南进行了精心准备。他特意请农业电影制片厂派出一位摄影师，携带了一部电影摄影机随团拍摄。

这次访美的穿针引线人是在八机部农机研究院工作的阳早、寒春夫妇。他们在 1949 年之前就来到中国，一直从事农业科技方面的工作，是项南的好朋友。

1948 年，寒春的哥哥韩丁作为土改观察员参加了山西潞城县张庄的土改运动。他根据当时的笔记，写成了一部在西方很有影响的纪实作品《翻身》。由于他与红色中国的联系，回

1976 年，项南在美国旧金山

国后受到麦卡锡主义的迫害，生活一度陷入困顿。韩丁后来回
到家乡宾夕法尼亚州母亲留下的农场，做了一名农民。

尼克松访华后，韩丁应周恩来邀请多次访问中国。项南参
加过韩丁的接待，也听韩丁介绍过自己的农场，但这次如果不
是亲眼所见，项南还是不敢相信这是真的：韩丁竟一个人耕种
了 1600 亩土地。

面对中国代表团成员的一脸疑惑，韩丁幽默地说："你们
不习惯吧？像我这样的农场要是在中国，就要有很多人对吧？
得建个食堂、幼儿园，可能还有学校，还要有场长，有工会主

席。在我这里，场长是韩丁、工程师是韩丁，拖拉机手是韩丁，卡车司机是韩丁，会计，也是韩丁……"

韩丁的话把大家逗乐了。

韩丁让代表团成员参观了自己的装备：两台大型拖拉机、一台播种机、一台收割机、一辆卡车，还有喷灌设备。他说，春天播种的时候，他只管把种子播到田里，剩下的就是种子公司的事情了。如果出苗率不高，种子公司就得赔偿。

那除草怎么办呢？面对一望无际的玉米田，代表团成员很关心这个问题。

"有除草公司啊，到了开始长草的时候，除草公司的飞机就会来撒除草剂。"韩丁说，"有一年，他们不小心把除草剂撒到了我的葵花田里，大片的葵花死了，他们就赔钱了。"

韩丁说，他春天把种子种下，剩下的事情不多了，他就写作，做美中友好协会的一些事情，包括到中国访问，都是抽这些时间。秋天收割的时候，有时让太

1976年，项南率中国农机代表团访问美国

1976年，项南（前排左一）访问美国时，在韩丁（前排左二）位于宾夕法尼亚州的农场参观考察

太和孩子帮一下忙，不过，孩子帮忙也是要付工资的……

　　1976年的美国之行，项南不仅率团考察了美国的农场、农机制造业、农业研究中心，参观了著名的农机制造商约翰·迪尔公司、底特律的美国福特汽车公司等，与中美贸易委员会、美国农业部的官员进行了接触。所见所闻，让项南感到震撼。他不得不思考这么一个问题：为什么资本主义的美国，科学、技术、经济能如此快速地发展，而社会主义的中国却长期贫穷落后？为什么美国只占总人口5%的农民，不仅养活了整个国家，还能大量出口粮食？

项南在日记中写道："尽管多少人不喜欢它，骂它，美国仍然是世界上最富足的国家；尽管解放后，经历了四分之一世纪的斗争，中国仍然是世界上最贫穷的国家之一。要超过美国，还要作极大、极长时间的努力。"

结束了历时一个多月的美国访问，项南一行回到北京，已经是10月3日。

1978年，项南在北京会见韩丁

1976年8月，项南率领中国农机代表团访问美国时，与代表团成员在世界著名的农机制造商约翰·迪尔公司参观考察

　　在"文革"动乱尚未结束、"十月惊雷"还没有响起的时候，项南已经从资本主义美国与社会主义中国的巨大差距中开始清醒地反思。他觉得自己有义务将看到的一切和自己对于农业机械化发展问题的一些思考，如实地向中央和国务院领导认真汇报。

　　几天后，整个中国都沉浸在粉碎"四人帮"的一片欢腾之中，随之而来的是紧张而忙碌的揭批"四人帮"运动。

　　项南在百忙中完成的《美国农业机械化考察报告》，直到第二年初才通过一机部和农林部送呈中央有关领导。时任中共中央主席兼国务院总理华国锋、副总理李先念等领导人十分重视项南的这个考察报告，专门在中南海听取了项南的汇报。

对这次专题汇报，项南进行了精心准备。他有条不紊地汇报了访美过程，放映了去美国拍摄的电影资料，让中央领导人第一次直观地感受到美国的现代化程度，尤其对美国的现代农业留下了深刻印象。

项南甚至对华国锋直言，我们总说要缩小三大差别，但美

1978年，第三次全国农业机械化会议在北京召开。华国锋、叶剑英、邓小平、李先念等党和国家领导人接见出席会议的代表。代表席中前排左六为项南

国的三大差别比我们小得多。用赞叹的口吻介绍一个头号资本主义国家，承认我们自己的落后，在当时是需要勇气的。项南的话让华国锋若有所思，但他同时善意地提醒项南，这个话不要对下边去说。

1978年4月，时任第一机械工业部主管农机工业的副部长项南，又率团对意大利、法国、英国、丹麦的农机工业进行考察。

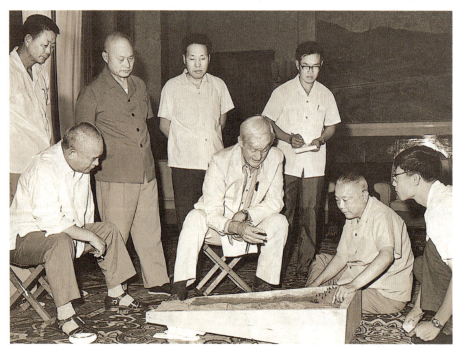

1978年，项南陪同时任国务院副总理李先念、副总理余秋里会见美国友人韩丁

1978 年，项南陪同美国友人韩丁在京郊国营农场考察

　　在结束历时一个多月的考察后，项南向中央和国务院提交了一份报告，除了当面向中央领导汇报之外，还在中央党校和一些部委、省市举行了报告会。

　　项南具体分析了欧美各国发展农业的经验，他认为至少有4个方面值得中国发展社会主义现代化农业很好地借鉴：

　　一、农林牧并重，以畜牧为主。项南提出，不能光搞粮食，只种地，不养地，忽视畜牧业、林业。

　　二、要有一个比较好的农业经济区划。项南指出，我们如果忽视合理的经济区划，该种水稻的不种水稻，该种甘蔗的不

1978 年，项南率团访问丹麦

1978 年，丹麦报纸对项南率团访问的相关报道

上图、下图：1978 年，项南在法国考察农业机械

项南（前排右四）率代表团成员考察法国阿基坦大区的养牛场

　　项南率中国农业和农机代表团在法国考察畜牧业，参观法国阿基坦
大区的养牛场

1978 年，项南率领中国农业机械代表团在法国考察农业机械

1978 年，项南在意大利考察农业机械

　　1979年，项南访问新加坡与时任新加坡工业部长吴作栋（后任新加坡总理）交谈

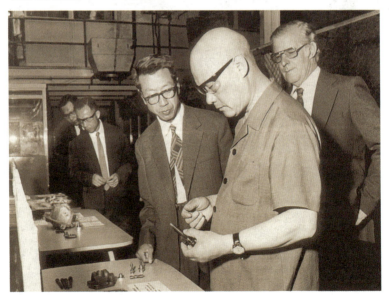

1979年，项南在澳大利亚考察农业机械

1991年11月，项南陪同华国锋看望美国友人——在农机工业部任职期间的好朋友阳早（左一）、寒春（右一）

种甘蔗，该种棉花的不种棉花，该种花生的却去种小麦，这就是没有做到地尽其力。千篇一律地强调"以粮为纲"是不对的。他尖锐地指出："在这个问题上，一定要解放思想，开动机器，因地制宜，尊重客观规律，不能瞎指挥。否则，就必然受到客观规律的惩罚。"

三、高度农业机械化和专业化。项南告诫说，我们搞现代化不能去买一个现代化，只能靠自己干出来一个现代化，在大量引进新技术时，我们一定要保持清醒的头脑。

四、把现代科学技术运用到农业生产上去。项南提出国

1997年，项南与曾经在农机工业部任职过的老部长们参加新年茶话会，前排左起：伍绍文（左二）、袁成隆（左三）、杨立功（左五）、项南（左六）、何光远（左七）

家要采取若干重大政策措施，从政治、经济、科学、技术等方面支援农业，保障农民自主经营的权利，大幅度提高劳动生产率。

在农业学大寨运动还蓬勃开展，真理标准大讨论还未有结论的时候，项南公开为资本主义现代化农业唱赞歌，反思中国几十年农业发展中存在的问题，这无疑要承担相当大的政治风险。

1980年9月，联合国工业发展组织发展农业机械工业经验交流和合作会议在北京召开。这是第一次在我国召开的国际性农机工作会议，来自 35 个国家和地区的 90 多名代表对中国农业机械化的发展表现出极大的兴趣。

项南在会上作了《中国农业机械化的道路》的专题发言，坦率地向与会各国专家报告了中国农业机械化面临的困难与挑战。项南指出，我们出于迅速改变农村落后面貌的急切愿望和缺少实际经验，曾经在相当长一段时间出现过"高速度""高指标"的错误，提出过 1980 年基本实现农业现代化的口号。实践证明，这个口号是不切实际的，是难以实现的。农业机械化涉及农业、工业、交通、财政、教育各个部门，不可能孤军作战、一马当先。它取决于整个国家工业、交通的发展速度；农村经济和社会企业的发展速度；农村技术力量培训成长的速度；国家财政信贷支援的程度；最后是农机工业和科学技术本身发展的速度。

二十四、邓小平支持出任"封疆大吏"

中共十一届三中全会以来，福建和广东是中央确定的改革开放的先行省份，可以实行"特殊政策、灵活措施"。可是两年过去了，"左"的思想在福建依然根深蒂固，真理标准问题大讨论没有很好地开展，农村生产责任制没有真正推开，省委主要领导坚决不同意搞包产到户，全省许多工作徘徊不前，与中央的设想差距甚大，更遑论什么"先行一步"了。福建广大干部群众对此普遍存在不满情绪，一些闽籍爱国华侨甚至给中央领导写信，呼吁派出得力大将坐镇八闽。

1980 年，中央书记处在讨论福建人事问题

1980 年时的项南

胡耀邦与项南在一起

时达成一个共识：福建是侨乡，又处于改革开放的前沿，希望
找一位籍贯是福建、又熟悉福建情况的同志到福建去任职。胡
耀邦虽然认为项南是一个合适的人选，但项南曾在团中央工作
多年，胡耀邦最初对推荐项南去福建还是有点顾虑。

后来，小平同志一锤定音：我看项南就可以。

胡耀邦与书记处的几位书记找项南谈话，出乎他们的意
料，项南对这项任命并没有表现出特别的热心。

中央书记处书记万里对项南说，中央考虑派一位熟悉福建
情况的福建人回去主持工作，找你来就是想听听你的意见。

1980 年，项南（前排左三）陪同国家副主席乌兰夫（前排右五）会见非洲客人

项南坦率地说，我是福建人倒是真的，可是我几十年没有在福建工作过，对福建的情况也不了解。

听项南这么回答，书记处的几位领导同志一时语塞。

还是胡耀邦打破了沉默，他一拍大腿从沙发上站了起来，大声说："是福建人，又没有在福建工作过，这样也好，这样更超脱！"

项南利用赴任前的一个多月时间，翻阅了大量有关福建省情的资料。1981 年 1 月 14 日，项南正式就任福建省委常务书

　　1982 年，中共中央任命项南担任中共福建省委第一书记、省军区第一政委。图为项南与汪志馨在福州

项南与小孙女莲莲嬉戏

记，全面主持省委工作。一年后，中央正式任命项南为中共福建省委第一书记。

项南和母亲王村玉在福州

二十五、福建的当务之急是解放思想

项南走马上任的第一天，刚好碰上福建省委召开地、市、县委书记会议。他下了火车，风尘仆仆直奔会场。

在会上，项南了解到：受省委主要领导的影响，福建各地对包产到户进行强纠硬扭，认为包产到户就是"分田单干"，就是"倒退""右倾"，就会不可避免地滑到资本主义道路上去。

没有思想上的大解放，就不可能有生产力的大发展。项南深知，福建当务之急是要解放思想，否则其他问题无从谈起。

项南来福建的第7天，1981年1月20日，福建省召开党代会。项南第一次在全省党代表面前亮相。他作了《谈思想解放》的即兴讲话。

项南提出，福建完全有可能建成国家重要的林业、牧业、渔业、经济作物、轻工、外贸、科技和统一祖国的八大基地，他又指出："从目前的情况来看，福建的优势未能很好发挥，因此发展不快，人民的生活仅仅温饱而已。为此，必须解放思想，不断清除'左'倾思想的影响……"

项南的讲话，没有讲稿，一字一句，都是从自己心里说出来：

"中央决定给福建省更多一点自主权，可以执行特殊政策，灵活一点。可以更多地利用外资，发展外贸，使福建的经济比邻省发展得活一点，快一点。如果我们思想还不如邻省解放，放宽政策还不如邻省坚决，各种措施还不如邻省灵活，甚至中央文件规定了的东西，还在那里评头品足，不敢执行，那我们能把经济搞活，把福建省建设好吗？"

"我建议，各地区、各部门、各单位都应当好好想一想，特殊政策，特殊在哪里？灵活措施，灵活在哪里？"

"清除'左'的思想影响，主要在省、地两级党委，包括省属部、委、厅、局在内，而关键又在省委常委。这次会上，许多同志提出，省委有'左'倾错误没有？如果有，表现在哪里？这些问题，我们省委应该带头进行批评和自我批评。按中央规定，在最近的两个月内作出回答。"

最后，项南抒发了自己对福建的感情和期望："闽之水何泱泱，闽之山何苍苍，若要福建起飞快，就看思想解放不解放。"

项南的讲话本身就是思想解放的宣言书，让与会的代表们心中涌起澎湃的春潮。

随后的讨论中，许多代表都反映：项南的讲话针对性强，讲到了福建的要害问题，是福建多年来没有听到过的一个好报告。

代表们提出了三点要求和希望：一是希望省委常委带头落实项南的讲话精神，做出样子；二是差不多所有代表都要求将项南讲话记录稿全文下发；三是要求把项南从国外带回的纪录片放一放。

1981 年 5 月 14 日，中共中央办公厅将项南的这个讲话转发至省、军级，特意加了这样一段按语："项南同志 1 月 20 日在福建省党代会上作的题为《谈思想解放》的谈话，是一篇领导干部亲自动手准备、不要秘书代劳的好讲话。这篇讲话联系实际，提出问题，解决问题，简明、生动、活泼，绝少套话、空论，现推荐你们一阅。"

二十六、把落实农业生产责任制作为突破口

省党代会后，为进一步了解福建省情，项南专门抽出一段时间，轻车简从，到全省各地搞调研。

1981 年 1 月，项南在漳浦县委书记黄步翔（右一）等人陪同下视察福建漳浦对虾养殖场

1981 年，项南在基层调研家庭联产承包责任制

在莆田，项南看到，由于省委没有落实生产责任制，广大社员心里不踏实，快要春耕了，一些应翻土的田却仍然稻茬遍地，不少龙眼树根须外露，也无人培土施肥。

大家在交谈中，很自然就说到省地一些负责人坚决不许搞包产到户并强行"纠正"的话题。项南说："多年来，我们的干部别的不怕，一说他右，说他走资本主义道路，就立刻紧张起来，简直是胆战心惊，谈虎色变。他们就怕自己出问题最终影响了乌纱帽，哪顾老百姓有没有饭吃。包产到户有什么不好？分田单干有什么不好？只要能发展生产，能夺得丰收，群众拥护的就可以干!"

陪同的地县领导一片肃然。

早在 1962 年的北戴河会议,围绕责任田和包产到户,中央高层就展开过激烈争论。结果是,主管农村工作的中央农村工作部部长、副总理邓子恢黯然去职,陈云因在小范围支持此事被称为"老右"闲置不用。包产到户和责任田,在很长时期内成为政治禁区。1978 年,中国的改革从农村开始,农村的改革又是从责任田和土地的承包开始,项南对联产承包责任制给农村带来深刻的变化坚信不疑。到福建来,他首先要做的第一件大事,就是在农村推行家庭联产承包责任制。

当时中央对于家庭联产承包责任制的推行并没有具体明确的时间表,中央 75 号文件只说可以在边远山区和落后贫困地区搞包产到户或包干到户。项南一到福建,就决心在全省农村迅速推广家庭联产承包责任制,这确实需要巨大的政治勇气。至关紧要的,是福建省领导层思想不解放,还没有走出"左"的思维,有位主要领导公开在大会上讲:谁再讲包产到户,我就开除谁的党籍。

"包产到户有什么可怕的?"项南面容温和,语气十分严肃坚定,"我告诉你们,这个包产到户,包干到户,不是单干。我们现在实行各种不同形式的生产责任制,并没有改变所有制。照我说,即使是单干,又怎么就是资本主义呢?我们过去那种吃大锅饭、大呼隆,说得好听叫'集体化',说得不好听

1982年，项南在福州郊区考察

那是远古时代的生活。那种搞法不是共产主义，也不是社会主义。它还没有资格当资本主义，封建主义也不是，连奴隶主义也不是。那是原始共产社会，几百个人围一只鹿，一同追赶，一同吆喝，这个鹿被抓住了，今天中午就饱餐一顿，围不住，就只好饿肚子。原始共产社会才搞这个大呼隆呀，干嘛要把我们今天的经济拉回到远古时代？这不是前进，这是后退。"

一路上的见闻，使项南决心把落实生产责任制作为福建改革开放的突破口。项南从闽南回福州不久，就抽出时间来到福建日报社，他郑重地提出：今后省委常委开会，除了讨论组织

1982年，项南在福建森林公园参加植树造林

人事外，你们正副总编都可以列席，这样能更快更好地了解中央精神和省委的意图。

"你们要把落实农业生产责任制作为最近一段时间的宣传重点，大造社会舆论，使落实农业生产责任制家喻户晓，形成强大的推动力。"在与报社领导座谈中，项南明确指出，这里讲的农业生产，不是"以粮为纲"的农业，而是包括农、林、牧、副、渔在内的那种大农业。他还要报社组织写出对落实生产责任制方面有分量的社论，题目就叫《落实农业生产责任制刻不容缓》，并要求在大年初一的版面上发表。

社论写出后，项南认真审阅，并拿起笔改动了不少地方。项南亲自修改后，社论观点更加鲜明，更具感染力。正月初一这天，《落实农业生产责任制刻不容缓》在醒目的位置见报了。

根据项南指示，这天《福建日报》的第二版，也在醒目位置转载了《人民日报》几天前刊登的文章。这是一篇介绍皖豫鲁农村落实生产责任制后产生巨大变化的长篇通讯《巨大的吸引力》。项南还亲自动手写了观点鲜明、既有指导性又富感召力的编者按。人们透过散发着油墨香的报纸，看到了省委对落实农业生产责任制的鲜明态度和决心。

1981 年 2 月 6 日，中共福建省委发出了《关于抓紧落实生产责任制的通知》，要求各地领导集中精力，因地制宜，尽

1983 年，项南陪同中共中央农村政策研究室主任杜润生一行在福建农村考察

朝鲜劳动党总书记金日成（前排左五）会见中国全国人大代表团。前排左四为习仲勋，右四为项南，左三为铁木尔·达瓦买提，二排左三为高登榜

快全面落实农业生产责任制。

2月10日晚，省委、省政府联合召开关于落实农业生产责任制的全省电话会议，各地、市、县都在关注省里的态度和将要采取的动作。

在电话会议过程中，不断有问题提出来。建阳地委提出："过去第一书记说不能搞包产到户，现在又说要大力推广包产到户，我们到底是听第一书记的，还是听常务书记的？"

这个问题非常尖锐，项南不能不回答，他巧妙地解说：

"你们既不要听第一书记的，也不要听常务书记的，你就听中央的。"

在 2 月 21 日的全省农业局长会议上，项南一针见血地指出，多少年来，老是你整我，我整你。你说"阶级斗争一抓就灵"，我说不一定。在农业问题上，倒是责任制一抓就灵。大家放开手干吧，没有问题。

会场上不知谁又突然提问："错了怎么办？不是说包产到户是资本主义吗，怎么现在又变调了？"会场上开始议论起来，有人带着疑问的神情盯着项南，希望得到明确的回答。

项南镇定自若地大声说："错了不要你负责，我负责，中央负责嘛。你说那叫资本主义，你见过资本主义吗？资本主义什么样子？吃大锅饭，大呼隆，平均主义，那叫共产主义吗？你看过社会发展史没有？那不是共产主义，不是社会主义，也不是资本主义，连封建主义都不是！那是原始共产社会的生产方式。你们倒说说看，有哪项工作能没有责任制呢？办报纸的、搞编辑的、站柜台的，没有责任制行吗？一个工人固定开一台机器，一个司机固定开一辆汽车，这难道不是责任制？为什么一个司机开一辆汽车不叫单干，而农民种田却变成了单干？马克思从来没说过这种话。这个问题如果再拖下去，就会把农民拖穷，把国家拖垮。"

项南语气坚定地表态："落实农业生产责任制势在必行，刻不容缓！"

尽管这样，许多干部群众思想上仍然有顾虑，认为政策会变，能包一年是一年，什么时候叫收就收回去。针对这种思想状况，项南要求省委、省政府作出明文规定，白纸黑字写下来。提交省人大常委会讨论通过后公布实行。

　　项南走马上任才几个月，家庭联产承包责任制就随着当年的春耕生产在福建省全面推开了。

二十七、特区非搞不可

　　1980 年 10 月，国务院正式批准在厦门设立经济特区。3 个月后项南来福建任职，特区建设的事情仍然是一张白纸。

项南在中央召开的广东、福建两省座谈会上发言

项南(左二)与国务院副总理谷牧(左四)、福建省副省长张遗(左三)视察厦华电子公司

1981年3月11日，在福建省直机关干部会议上，项南特意作了《厦门特区非搞不可》的讲话，呼吁全省上下支持厦门特区的工作。

这年6月，中共中央、国务院在北京召开广东、福建两省和经济特区工作会议。在会上发言时，项南有针对性地提出几点意见：

——特殊政策，特到什么程度？在目前条件下，福建对于华侨和外国资本的吸引力不如广东，更不如香港、新加坡。因此，福建应该采取比广东、港澳更加优惠、更具有吸引力的政策。具体说，外商和我们双方都有利的，我们要干；外商有利，我方无利也无害的，我们要干；外商有利，我方吃点小亏，但能解决我们就业等问题的，我们也要干。要求国务院在原则上予以认可。项南第一次提出具有战略高度的"三个要干"。

——要扩大地方自主权。在中央不可能从财力上给两省更

1982 年，以习仲勋为团长、以项南、铁木尔·达瓦买提为副团长的全国人大代表团访问朝鲜途中视察鸭绿江

中国全国人大代表团专机抵达平壤时，朝鲜儿童向代表团献花。后排左二为项南、左三为习仲勋

多支持的情况下，关键要真正实行特殊政策，下放一点权力。可以考虑在中央"六统一"的前提下，把"三权"下放给福建。即人权、财权和地方立法权。省以下的机构设置和人员配备，由省委、省政府根据需要自行决定；并允许两省在国内外招聘技术人才；允许两省在财政、税收、银行、信贷、贸易、海关、物价和劳动工资等方面有自主权；包括省里有权设立银行。同时，两省可以自己制定单行法规，报中央备案。

在这次中央工作会议上，项南还提出，在两省还没有迈开步子以前，不必担心两省"太特殊""太灵活"，倒应该经常提醒两省，中央给了你们特殊政策和灵活措施这个武器，你们为什么不敢特殊，不敢灵活，为什么至今还打不开局面？现在的问题是，要鼓励我们的干部敢去闯，敢担风险，敢打开局面，这就难免要犯这样那样的错误。还没有迈开步子，就怕乱，怕犯错误，不敢迈步，是出不来经验的。

在项南的奔走下，1981 年 10 月 15 日，厦门经济特区湖里工业区正式动工兴建。

在为特区命名时，湖里加工区定名是"厦门经济特区湖里加工区"，而没有使用"厦门湖里经济特区"。虽是几字之差，意味十分深长：在项南和特区创办者的心中，早已不把特区理解为湖里的 2.5 平方公里，而是着眼于厦门全岛。

二十八、在全国首家开通万门程控电话

1980 年，一位法国商人为一笔生意从福州向巴黎的公司挂长途电话，苦苦等了两天两夜都没能通，第三天一气之下离开了中国。走前还毫不客气地扔下这样的话：你们不懂效率，没有时间观念。

福建的基础设施落后，已经严重束缚了经济的发展。可当时福建全省财政收入一年才十来个亿，没有力量拿出那么多钱搞基础设施建设。项南说："没有基础设施，就缺乏对外开放的环境。我们必须自己创造奇迹。"

项南积极支持省邮电管理局引进一套万门程控电话安装在福州，以改善省会的通讯条件。省邮电局遴选国外制造程控先进设备的厂家，历时 13 个月，先后与 8 个外国公司进行了 17 轮谈判，最后对日本富士通公司的 FETEX–150 型程控电子交换机较为满意。当时福州用的还是第一代通讯交换设备，而国际上已采用第四代了。

日本富士通公司第四代通讯设备也刚刚进入试用阶段。项南认为，可以冒冒风险，将福州提供给他们作为试用基地。这样，引进这套万门程控所需的费用就大大低于正常的价格。

1982 年 11 月，福州在全国首家开通了万门程控电话系统，直拨国际电话时间仅需 20 至 30 秒。福州的通讯一夜间实现了几代跨越，其"高起点，跳跃式，一步到位"轰动了全国。当时，国内能直拨国际电话的大中城市屈指可数，一些发达国家和地区，如新加坡、香港等地的通信技术也没有达到这个水平，因此都对福州通信工程跳跃式发展产生了浓厚的兴趣。

此后，厦门也成功地引进了一套万门程控电话，保证了线路畅通，话音清晰。开通后不到 3 个月，厦门特区同外商签订的中外合资项目就增长一倍多。

1983 年 2 月，中共中央书记处书记习仲勋来福建视察，项南请他参观福州的程控电话。习仲勋非常赞赏，马上向广东推荐，叫广东也要赶快搞。这样，广东比福建大概迟了两年才建成程控电话。这之后，全国各省市纷纷效法，开始建设程控电话。

二十九、利用外资为特区安上腾飞的翅膀

厦门要建经济特区，没有机场是不可想象的。

在厦门特区管委会召开的第一次办公会议上，项南明确提出："没有机场，就没有特区。要下决心在厦门建飞机场，既然搞特区，又是对外开放，就一定要飞出去。"

1981 年，福建省垫钱扩建福州机场，已极为鲜见。而厦门机场的问题，还不是垫钱的问题，而是能不能列入计划的问题。厦门机场立项，首先碰到的一大难题就是军方坚决不同意。厦门离台湾太近，与大小金门隔海相望，怎么能建民用机场？

空军司令张廷发是福建人，项南先找到他，得到他的同意。张司令说，反对在厦门建机场的人不是空军的一两个人，还涉及军委和总参，我也拍不了板，你们来一些人，努力说服他们吧。项南只好带着省委和省政府的一队人马，一道去北京做工作。军方的态度还是那么强硬："厦门搞这个机场，在金门的炮火射程之内，你们花那么多钱，几炮就给轰掉了，那哪成。"

　　"这个话恐怕不对吧?"项南既诚恳又不太客气地说,"你们怎么就不想一想,金门的机场不也在我们炮火射程之内吗?在军事上,到底是台湾怕我们呢,还是我们怕台湾?"

　　"当然是台湾怕我们。"军方将领们不甘示弱。

　　"那么,台湾在前线照样建机场,他们都不怕,难道我们还怕?就蒋介石和蒋经国跑到台湾这个事实本身,就足以说

　　项南在福建船舶公司负责同志陪同下参观中国船舶工业展览会。项南对福建造船工业的发展寄予厚望,福建省首开向国外贷款的先例,积极支持福建造船工业的发展

1982年9月，项南出席中国共产党第十二次全国代表大会，当选为中共中央委员。图为项南在中共十二大期间参加投票选举

明他们是战败者，我们是胜利者。国民党几百万军队都被我们打败了，现在一个小小的台湾有什么了不起？蒋经国至今连和我们'三通'都害怕嘛。"

那些反对厦门建机场的将领一时语塞，找不出什么话来反驳。军方终于为厦门机场的建设开启了绿灯。

钱从哪里来呢？

项南找到了中共中央副主席兼国务院副总理李先念，讲了大半天，一个目的就是要争取国家的帮助。

李先念认真地听了大半天，最后说："项南同志，你讲的这些都有道理，也应该帮助。但是，实话跟你说，还是那句老话，要钱没有，要命有一条。"李先念也来了句无可奈何的幽默。

　　项南想到了邓小平与习仲勋的对话，经济特区要钱没有，你们自己要"杀出一条血路"来。他下定决心：不向中央要钱，自己想办法解决。

1982 年，项南陪同中共中央总书记胡耀邦视察厦门港区建设

1982 年，项南与中共中央总书记胡耀邦向台湾海峡眺望

在省委常委会上，项南提出：厦门机场非搞不可，但在国家无法投资的情况下，要利用中央给予的特殊政策，争取向外国借钱。

向外国借钱，福建已有先例。由省政府下属的华福公司出面，向美国银行借钱，购买轮船，组成了船队，还开通了福建至香港的海上航线。向科威特贷款搞建设的谈判，由福建省副省长张遗负责，也在进行中。但是，利用外国贷款进行基础设施的建设，在全国却是第一次。令项南欣慰的是，借外资搞基础设施建设的提议，在常委会上没有过多的争论就通过了。

当时，海湾国家每年都向外国提供贷款。国家进出口委员会把厦门机场建设列入科威特在中国援建的几个项目中。

很快，同科威特签订协议，以每年3厘3的利率，向中国福建省贷款600万第纳尔（约2200万美元），用于修建厦门机场。

按照中国的修建能力，厦门机场要建成，至少也要三四

1983年10月23日，中国第一个引进外资兴建的机场——厦门国际机场落成。图为项南（右三）与全国人大常委会副委员长叶飞（左三）、福州军区司令员杨成武（左二）一起为厦门国际机场落成剪彩

1982 年 11 月，项南（前排右一）与中共中央总书记胡耀邦（前排右二）在永春马跳水电站视察。前排右三为时任水电部副部长李鹏

年。项南一听国家民航局长沈图的介绍，叫了起来："那怎么行？特区还能等个三四年呀！再说，恐怕我那时都不在福建了。""你看能不能争取在一年时间内建成？"

"那不可能！"沈图以自己的经验令人不容置疑地回答。

1981 年 10 月，闽江水电工程局向项南下了"军令状"：以破釜沉舟的精神，背水一战，一年建成主跑道，确保 1983 年通航。

　　领导的重视使改革措施收到了效果，机场的建设速度非常之快。1982 年 1 月 10 日，厦门机场破土动工，年底机场主跑道提前建成，创造了国内混凝土机场跑道当年开工当年建成的高速施工范例。

　　1983 年 7 月 29 日上午 10 时 03 分，一架担负试飞任务的三叉戟客机，平稳地降落在厦门机场的主跑道上。带领机组试飞的上海民航局局长袁桃园健步走下飞机，抑制不住内心的激动："试飞很成功，机场修得又快又好，完全符合国际机场的

　　1983 年 10 月 21 日，项南（左二）、福建省副省长张遗（左一）会见前来参加厦门国际机场通航典礼的科威特阿拉伯经济发展基金会总裁费萨尔亲王（右二）

1983 年，项南（右二）陪同国家主席李先念（右一）视察厦门，凭吊陈嘉庚先生陵园

标准！"

　　从正式开工到建成，厦门机场只用了 8 个半月的时间（不算前期工程），实现了令人难以想象的高速度。

　　1983 年 10 月，厦门机场预定通航之前，项南打电报邀请科威特费萨尔亲王参加机场通航典礼，亲王还不相信，他回了饶有趣味的电文："项先生，你是一个很幽默的人，我希望能够确切知道哪一天机场能建成？"

10月21日，1000多名中外贵宾来到厦门参加机场的通航典礼。一架波音737平稳地降落在厦门国际机场，舱门打开，项南陪同全国人大常委会副委员长叶飞、科威特费萨尔亲王健步走下了扶梯，彩旗飘扬，锣鼓喧天，一个崭新的机场出现在他们面前。

厦门经济特区，终于安上了腾飞的翅膀。

三十、成立第一家中外合资公司

到 20 世纪 80 年代初，福建作为海防前线，30 年没有大的建设。中央给福建的投资只占全国总额的 0.8%，国家建设规划的大中型项目没有一个在福建落户。从经济基础和发展速度来看，福建大大落后于兄弟省份，和广东更无法相比。

1979 年 7 月 1 日，《中华人民共和国中外合资经营企业法》订立通过。从当年 7 月到年底，合资项目全国总共才批准了 6 个，协议外商投资金额才 810 万美元。可见处于刚刚起步阶段的合资经营还有很大的风险。为了达到改变福建面貌先行一步的目的，项南领导全省上下积极用好中央给予的"特殊政策，灵活措施"，独辟蹊径，大搞基础设施建设、筑巢引凤。

1981 年 6 月，福建同日本日立公司合资兴办的福建日立电视机有限公司（简称福日公司）正式开始生产。这是在中国落户的第一家中外合资公司。虽然国家订立了中外合资法，但订立法规是一回事，实际做起来又是一回事。"左"的思想迷雾重重，外界对这个新鲜事物毁誉参半。从中央到地方对此都有不同意见，一位副总理竟把福日公司定性为"殖民地性质的

项南一到福建，就提出应该将厦门特区从中央批准的 2.5 平方公里扩大到全岛的设想，胡耀邦明确表示应该突破 2.5 平方公里的限制。图为1982 年胡耀邦（右二）、项南听取厦门市委书记陆自奋（右一）汇报特区建设情况

厂子"。随着这顶帽子泰山般压下，一场围绕福日公司的争论引起举国关注。

在巨大压力和重重困难面前，项南想到了邓小平。邓小平关于"办特区，我有个发明，不作争论"的论断，成为他排除千难万阻的精神动力。项南用"不争论"的方式，毫不犹豫地给予福日公司最有力的支持。

1983 年，项南与澳大利亚驻中国大使费思芬在马尾罗星塔参观

1982 年 11 月 2 日，中共中央总书记胡耀邦来福建视察工作，随行的有胡启立、谷牧、郝建秀、杨德中、李鹏、江泽民等。胡耀邦沿途对福建省的各项工作都作了重要指示，提出福建要走在经济建设的前列。还说，福建在对外开放上是积极的，但前段时间进展不快，不能完全怪福建，中央有关部门认识不一致，支持不够，也是个原因。胡耀邦专门就福日公司问题发表讲话，指出："福日公司是中日经济合作的一个项目，即使吃亏，也要坚持办好。"胡耀邦的话增强了大家搞好合资企业的信心，但争论并未因此平息下来。

上自某些中央领导，下至省里省外，都有人批评福日公司在搞"卖国主义"，是"殖民地经济"。见项南和分管外经贸工作的副省长张遗不肯低头认错，有人干脆指示国家计委、经委设关卡管一下，而且一定要卡死。果然，国家计委不承认福日公司的生产计划，商业、工商管理部门通知福日公司，电视机向省外出售，须报经批准发准运证，否则按走私论处。

为了保住福日电视机生产线引进这个改革开放的成果，项南不惜乌纱，以泰山压顶不弯腰的精神顶住压力，坚决不让福日停产。

1984 年，他在会见日立工机株式会社社长高桥丰吉时，态度明确地说："福建与日立的合作是成功的，希望今后能长

1983 年，项南与澳门籍全国政协委员、教育家梁披云（左一），香港实业家柯伯诚（右一）在福州森林公园

1983 年，项南在福州会见柬埔寨国王诺罗敦·西哈努克亲王

久合作下去。"

项南把福建与日立合作开办福日公司作为第一个"里程碑"，把闽日在电动工具方面的合作，当作第二个"里程碑"。他希望并建议福建与日立可以进行更全面、更广泛的合作，树立第三个"里程碑"。日方非常赞同项南的想法，表示一定要跟福建进行更加全面、广泛的合作。

要继续合作，就要解决问题。因为福日公司被"卡死"，不被列入生产计划，没有外汇购买必需的配套原器件，造成生产没保证，生产出的产品又大量积压。项南忧心如焚，积极支持给予变通的办法。从现有库存中，先安排数万台彩电以人民币在省内出售，然后按外汇平均成本计算，由计委安排平衡外汇 450 万美元。这样，减轻了福日公司的库存积压，加快了货币回笼，稳定了市场和帮助工厂保持了正常生产，同时也满足了人民群众的需要。

不只是福日公司，几乎每一个大的合资项目都遇到这类问题。厦门卷烟厂和美国雷诺斯合作生产"骆驼牌"香烟，引进

1985 年 11 月，项南在福州会见首批访闽的 37 国驻华使节、外交官及其夫人时，自豪地宣布："前几年，福建的经济增长率一直都是在全国 29 个省、区、市里占第 21 位，去年我们前进到全国的第 3 位，我们的电子工业，原来占全国的第 18 位，去年前进到第 6 位……"他表示："我们对外开放的政策是坚定不移的，福建的大门将会越开越大"

了一些先进机械和技术。各种议论也纷然而至。有人认为这个引进搞得很糟，甚至添油加醋地说，都像厦门这么搞，我们的国家就完蛋了，把大门打开了，连关税也没有了，生产的香烟不是运销国外，而是在国内销售，净赚本国人的钱。

关键时刻，项南站出来说话：大搞"三来一补"，没有什么风险。厦门烟厂与外资的合作，我们没花什么钱，把技术引进来，把设备引进来，原材料也拿到了，工人得到了培训，国家收了税，解决了就业问题，又增加了市场商品。这有什么不好？我们丢掉了什么？有什么风险呢？厦门烟厂不到一年就达到设计要求，就能掌握技术，就能赚到钱。坏处在哪里？

项南从这件事引申开去。他说，世界上哪有十全十美的事情，过分苛求，什么事情都办不成。我们确定一个项目要慎重，但出了点问题，大家要互相体谅，不要把责任推给别人。我们要十分爱护有首创精神的同志，他们冒风险来干，即使犯了一点错误，也应该体谅他们。对外经济活动，我们缺乏经验，难免会犯错误，但只要不是为了个人，而是为了国家，为了党的事业，为了发展经济，犯一点错误，就要体谅他，支持他，当然也要帮助他尽快改正。

项南还说，过去有支歌，叫《开路先锋》，"轰轰轰，我们是开路先锋！轰轰轰，我们是开路先锋！不怕关山万千重"，大家都要有开路先锋的精神，做改革开放的先锋、闯将。

三十一、彻底平反福建地下党冤假错案

　　1949 年后的历次政治运动，在福建造成了大量的冤假错案。项南到福建任职时，"文革"已经结束 4 年多，十一届三中全会也已经过了 2 年多，但这些历史遗留问题仍然堆积如山，甚至还有一些土地革命时期和抗战时期参加工作的老同志身陷囹圄。一些冤假错案，虽经胡耀邦、邓小平、宋任穷等同志多次批示，仍然得不到解决。

　　项南上任伊始，就多次谈到要解决这些历史遗留问题，尽快落实干部政策，并陆续平反了一系列冤假错案。项南强调：别纠缠历史旧账，不过分强调个人责任，这些都是极左路线造成的恶果。

　　1981 年 10 月，项南召开省委常委会议作出决定，确立了"坚决、彻底、尽快、妥善"解决历史遗留问题的方针，强调一切从实际出发，查清福建地下党冤案，公开公正地予以解决。为此，省委还专门成立了"落实地下党问题办公室"，抽调专人负责这项工作。

　　从 1982 年开始，项南多次召开省委会，讨论解决福建地

项南与谭震林（站立者）主持召开福建老同志座谈会

下党的历史遗留问题，为许多地下党的同志落实了政策。但由于人数众多，年代久远，加上情况复杂，一些人顶着不办，这项工作的进展不尽如人意。

为了有力推动这项工作，项南借助谭震林、江一真、范式人等德高望重的老同志做工作。谭震林是从井冈山下来的老同志，在福建工作多年，对一些历史问题比较了解。谭震林多次当着福建省委领导的面质问：福建的冤假错案为什么平反不了？像傅柏翠、罗明这样的老同志，革命一辈子，八九十岁的人了，为什么还不能平反，安排工作？还有些老同志，在3年游击战争、抗日战争、解放战争中斗争英勇，表现很好，就因为1976年说了几句错话，就揪住不放，这是什么干部政策？

福建平反地下党冤案的工作，受到了中央的高度关注。

中央书记处派出由中组部、中纪委、最高人民检察院等部门组成的调查组，指导和推进福建地下党冤案的平反工作。

1983 年春，福建省召开了正确处理福建地下党遗留问题座谈会。项南代表福建省委发言，明确指出："福建地下党有着光荣的革命历史，应该恢复原来的革命形象。对于这段历史遗留下来的问题，应当本着一个正确的方针予以认真解决。"在中央和福建省委坚持不懈的努力下，先后为原闽浙赣、闽中及闽西地下党"三大案"平反，为原地下党老同志在 1976 年

1982 年，项南与全国人大常委会副委员长谭震林看望福建老同志。
一排左起：伍洪祥、贺敏学、项南、谭震林、刘永生、魏金水、何若人。
二排：王直（左二）、马兴元（左三）、卢胜（右二）。三排右二为陈挺

项南与原闽中地下党负责人、福建省政协原副主席许集美在北京天
坛公园

之后又受到不公正处理的"405专案"彻底平反。复查平反了
6000多个与福建地下党有关的冤假错案，为4000多名原福建
地下党的同志恢复了党籍。

项南仍然觉得不够。他认为，这些地下党的同志，大多数
都是知识分子，由于长期受到不公正对待，不仅身心受到严重
摧残，许多人还因此失去工作，生活无着，即使有工作的同志
也大多数长期不给调资调级，生活相当困难，应当提高他们的
待遇。然而，与平反冤假错案一样，这项工作仍然阻力重重。
项南不得不一次次为他们呼吁。

项南的这些努力遭到了一些人的激烈反弹，他们很快就把一封封告状信寄到中央。中央领导也不得不过问这件事情。项南对一位来福建视察的中央领导同志动情地说："一个地下党大学生，受到错误处理，跟我们机关大院的勤杂人员一样待遇。这叫人怎么看得下去？怎么叫尊重知识，尊重人才？对这样受了半辈子冤枉的同志提个三四级，也才二十级，算多吗？"

1984 年 3 月 10 日，福建省老省长、中顾委委员江一真在福建调研，项南与江一真深入交换了意见，由江一真同志起草了一份《关于落实原闽南白区知识分子地下党员政策问题的建议》，送交胡耀邦等中央领导同志。胡耀邦批示让中组部协同福建抓紧进一步解决。

就在江一真向胡耀邦写报告的同时，项南分别找到张连、许集美等人，要求他们将过去在泉州地区工作过的老同志组织起来，搞个经济实体，利用同海外华侨有很多密切联系的优势，穿针引线，牵线搭桥，发挥余热，为福建引进侨资、外资，发展经济，建设一个新侨乡作出贡献。

建设石油化工福建基地时，人才匮乏，项南想到了刚获平反的闽西南知识分子地下党员们，亲笔给省计委副主任张维兹写信。信中说：那些遭受摧残致死的知识分子的遗属，组织上还应做哪些善后工作，请与程序同志商量。闽西南地下党干部有哪些是应该大胆起用的，也请列出来，包括可以担任什么职务，都可一并提出。现在是到了发挥他们作用的时候了，党中央已为我们创造了这一条件。

从"文革"动乱里走过的项南，切身体会到被不公正对待的滋味。他以无私无畏的精神，顶住压力，在中央和胡耀邦同志的支持下，彻底平反了福建历史遗留的冤案，千方百计为这些长期受冤屈的同志安排工作，提高待遇，做到人尽其才，人尽其用。为福建的改革开放事业创造了一个宽松和谐的政治环境。

三十二、为著名华人企业家胡文虎落实政策

　　福建是著名的侨乡，在解决历史遗留问题时，针对当时华侨意见最大的房产被侵占问题，项南在会上站了起来。他说，我建议这个问题第一书记亲自抓，共产党员要带头。省委负责

1983 年项南（左三）、林开钦（右三）、张渝民（右四）等在龙岩考察河田水土保持工作，并在长汀看望在大陆定居的台湾籍同胞

项南主政福建时，两岸仍处于严重对峙状态。1983年4月，项南(左一)与福州军区司令员杨成武（右一）会见驾机起义归来的国民党空军飞行员李大维（右二）少校

检查各地市委的正副书记、市长、专员，包括他们的子女，有没有欺负人家华侨的、占了人家房子的。先把这个问题查清楚。有占了人家房子的，一律要退出。如果抗拒，向省委报告。如果抗拒不搬的，我们登《福建日报》《人民日报》，激起全国人民的公愤，看谁斗得过谁！

在项南亲自过问下，一些多年来没有解决的华侨房产得以归还。有些机关单位占华侨的房产，项南也督促限期退出。

项南以极大的勇气与耐心平反各个历史时期造成的冤假错案，特别是对那些有重要影响的历史人物和历史遗留问题给予高度重视。

胡文虎祖籍福建永定，是 20 世纪二三十年代东南亚最著名的华人企业家之一，有"万金油大王"之称。他一生广济博施，惠群利众。"九一八"事变后，胡文虎在海外带头捐款支援抗战，作出过巨大贡献。但在日本占领香港期间，胡文虎又曾出任华人协会主席，并访问过日本。因此，抗战胜利之后，胡文虎成为一个备受争议的人物。

新中国成立后，侨居海外的胡文虎曾三次致函中南军政委员会，表示竭诚拥护人民政府，但胡氏家族并没有因此受到公平的对待。项南主政福建后，不断接到要求为胡文虎先生落实政策的申诉。如何对待胡文虎，成为福建是否真正落实华侨政策、是否实事求是的重要标志。

1983 年 4 月 8 日，项南带着两位省委常委，冒雨来到胡文虎的家乡永定下洋，向外界公开宣布："胡文虎先生为家乡办了好事，家乡人民怀念他，我们大家也很怀念他。"这句话虽然是在一个小山村讲的，但声音却很快传播到世界各地。项南雨中访胡文虎故乡的消息和照片，很快在香港各大报刊登载，起到了很好的宣传作用。

1983 年 5 月 20 日，福建省政府批复了福州市、厦门市提出的归还胡文虎福州、厦门两地房屋财产处理意见的报告。几天后，以省长答记者问的形式，将归还胡文虎在福建房屋、财产的决定公布出来。这份经项南亲自修改定稿的答记者问提

1994 年，项南在福建永定亲切会见返回家乡的胡仙博士

出：胡文虎在福建所有的房屋、财产全部归还；欢迎胡氏后人在方便之时，抽空回来或派代表回来接收其财产、办理有关手续；省政府同时拨出专款，修复永定县胡氏老家的虎豹别墅。

不久，广东省也作出了归还胡文虎在粤财产的决定。

为胡文虎先生落实政策，使胡文虎长女胡仙博士深受感动。

1992 年底，胡仙携母亲胡陈金枝首次访问了北京，受到中共中央总书记江泽民、国务院总理李鹏的亲切接见。项南也在人民大会堂福建厅设宴欢迎胡仙一行。对胡仙来说，踏上故乡的土地，是圆了一个梦；而对于许多海外华侨华人来说，此举让他们看到了这块土地上更多的希望。

三十三、坚决打击走私贩私活动

实行改革开放政策，国门逐渐打开，出入境人员日益增加，一些过去从未出现的问题也随之而来。20 世纪 80 年代初，广东、福建一些地方在发展经济的同时，出现了严重的经济犯罪活动，如走私贩私、贪污受贿等。刚刚起步的改革开放政策，因此受到一些人的质疑。

对福建沿海在改革开放之初出现的走私贩私问题，项南早有警觉。早在 1981 年春夏，福建省就先后召开过两次打击走私的工作会议，指出要对走私、投机倒把活动坚决从重从快地打击。为切实加强领导，在项南的指示下，省和重点县专门建立了海上缉私队。但项南坚决反对所谓"资本主义的种种弊病全由改革开放带来"的说法。他说，50 年代初期我们并没有对外开放，照样有贪污受贿。他认为，对经济领域中的犯罪活动只要注意打击，是可以防止的，并不会影响对外开放的大局。

1981 年 12 月 14 日，邓小平在中纪委整理的《广东、福建一些单位和干部继续从事走私贩私活动》简报上批示："这类事为什么总处理不下去，值得深思！我建议由中央纪委派一专门小组进行彻底追究，越是大人物、大机关，处理越要严、要重。"

翌年元月初，陈云在中纪委《广东一些地区走私活动猖獗》的内参上批示：我主张要严办几个，杀几个，判刑几个，并且登报，否则，党风无法整顿。随即，中共中央书记处讨论了这个问题，发出了打击走私贩私、投机倒把的紧急通知。

接到中央紧急通知的当天，项南在地市委书记会议上作了传达，要大家回去当作一件大事来抓。省委常委还作了专门研究，提出六条重要措施。

1982年1月15日，专程到福建的中央政治局委员彭冲在福建省直机关各厅局党组书记会议上，传达了中央常委批示、中央紧急通知和书记处对贯彻批示的意见，并讲了几点意见。当天，在项南的主持下，福建省委常委又专门作了具体部署。

项南表示坚决执行中央指示，他提出，社会上的走私贩私并不可怕，可怕的是我们的队伍、干部被腐蚀了，值得警惕。他特别强调，我们反对贪污受贿是坚决的，实行对外开放也是坚决的，决不能以前者来否定后者。正如彭冲同志指出，福建在实行特殊政策、灵活措施和对外活动方面，基本上还没有迈开步子，这方面工作不是搞过了头，是大大不够。中央现在要刹住走私贩私这股风，不是说不要特殊政策、灵活措施，不是不要搞特区，不要搞对外开放。项南重申：我们不能因此缩手缩脚，不敢做工作。工作中出点毛病，没有经验，是可以理解的，但贪污受贿，为自己的私利，不顾国家的利益，那就不能原谅，要坚决打击。

20多天后，中央书记处又在北京专门召开广东、福建两省座谈会，两个省的省委常委全部参加。中心议题就是如何更坚决、更有效地贯彻执行中央的紧急通知，进一步开展打击经济领域中违法犯罪活动的斗争，端正指导思想，更好地实行特殊政策、灵活措施，发展两省经济。

会后，项南火速传达会议精神，部署采取有力的措施。真正按照中央紧急通知中的"两个必须""两个不许"，对走私贩私、投机诈骗、贪污受贿、把大量国家和集体财产窃为己有等严重的违法犯罪行为，雷厉风行地加以处理；对那些犯罪情节严重的干部特别是领导干部，依法制裁。对干部中首先是负责干部在经济上存在的严重问题，对大案要案和长期处理不下去的案件，抓住不放，坚决处理，对严重的还要从重从快地给以有力打击。对沿海走私严重的地方，派出强大的工作队，帮助工作，把走私的歪风杀下去。

三十四、福建经济靠乡镇企业打头阵

1982 年，全国开展打击走私贩私、打击投机倒把的"双打"斗争，福建晋江、石狮榜上有名，是打击的重点地区。

在开展"双打"斗争的同时，项南提出，要坚决打击走私贩私，也要加强引导。"要结合当地的特点，发挥当地的优势。这个地方华侨多、信息灵、劳力多、资金也不缺，能不能发挥这些优势搞来料加工、来样加工、来件装配和补偿贸易？"

福建省委、省政府发文件指导，一方面严厉打击走私贩私活动，另一方面放手让当地大力发展来料加工。晋江陈埭镇从做鞋开始，石狮从布匹、服装、食品开始，很快就发展起来了。一时间，全国各地的客商云集晋江、石狮。

晋江、石狮的生产迅速发展，走私贩私也少了，群众开始安心搞生产，积极性被调动起来了，许多人希望能回乡投资办厂。

1982 年，陈埭公社的群众集资 1000 多万元，办起了 300 多家各式各样的工厂。连项南也没想到，会一下冒出这么多联户集资的企业。他既惊又喜，亲自到各村了解情况，看是不是

早在 1982 年项南就提出了以改革开放发展经济、促进社会主义新农村建设的思路。这是他在闽南地区考察时，为福建新农村建设题词

真的有那么多工厂，产值是不是真的有那么高。

陈埭的典型意义在于：在没有国家投资的情况下，把民间潜在的资源转化为现实生产力，再凭借海外的资金、技术和信息，推动农村商品经济的发展。然而有人却认为，只有集体投资、统一经营的企业才姓"社"，个人集资、分散经营则姓"资"，甚至直陈福建这样做是在"复辟资本主义"。

这一新生的经济形式姓"社"还是姓"资"，省内外掀起了一场舆论风暴。

1983 年 5 月，项南经过深入调查研究，决心支持群众联户集资办企业这个新生事物。他带着省委、省政府直属部门领导，各地市、县有关领导二三百人浩浩荡荡地来到陈埭，召开全省社队企业现场会。

会上，项南把陈埭发展社队企业的经验，概括为"三化"（专业化、商品化、多样化）和"三性"（群众性、适应性、竞争性），并给陈埭的社队企业明确定性：姓"社"不姓"资"。

有关福建的多种经济成分，项南的态度一向明确而坚决。他认为，作为海防前线，福建面临繁重的经济建设任务。台海两岸的形势在变，改革开放的形势也在变，只有兴办社队（乡镇）企业，积极吸引台商、侨商来投资，才能迅速振兴福建经济。他以自己的胆识，对社队企业的性质给予充分肯定，热情赞扬"陈埭的社队企业是福建的一枝花。希望大家都来关心和爱护陈埭这枝花，使得这样的'花'开遍八闽大地"。

项南在讲话中还肯定了晋江的磁灶公社、长乐的营前公社、南安的石井公社、闽侯的南屿公社等单位，希望乡镇企业之花常开不败，永远艳丽。

项南告诉陈埭镇领导：你陈埭产值满一个亿时，我给你发贺信送锦旗。

8 月中旬，福建省乡镇企业工作现场会在长乐金峰召开。项南根据福建省经济形势和乡镇企业快速发展的势头，响亮地

1984 年，项南（右二）陪同中央书记处书记、国务院副总理万里（右
三）考察晋江陈埭的乡镇企业

提出了"福建经济靠乡镇企业打头阵"的口号。

在项南的鼓励和点化下，陈埭人乘势而上，不负众望。
1984 年全镇工农业总产值超过了一个亿，成为福建第一个亿
元镇。这一年年底，晋江地委、行署召开隆重的表彰大会，项
南特派一位省委领导前来祝贺，并送来写着"乡镇企业一枝花"
的大锦旗。

陈埭从一个典型的落后穷社发展成为闻名遐迩的福建省第
一个亿元镇，完全是项南推动和支持的结果。陈埭以群众集资
联办企业为主体的农村经济新格局，被经济学家称之为"晋江

模式"。这种模式，既不像苏南那样由镇村集体来办，也不像浙南那样以家庭为单位，而是介于两者之间，由几户乃至十几户农民联办。

自从陈埭现场会后，乡镇企业一枝花已经变成百花齐放，百花争艳。经过一年多的发展，到 1984 年，福建省产值达千万元的乡镇，已由原来的 21 个增加到 70 多个。种种数据证明，乡镇企业已经成为福建发展速度最快、生命力最强、前途最宽广的经济成分。

三十五、"山海经"在周边乃至全国产生影响

在实行农业生产责任制的同时，项南从福建的省情出发，总结出福建具有"山、海、侨、特"四大优势。倚山面海，有

1983 年 2 月，项南（右一）陪同中共中央政治局委员、中央书记处书记习仲勋（右二）视察福州台江农贸市场

1983 年 2 月，项南（右三）陪同习仲勋（右二）在武夷山考察

一亿多亩的广袤山区，还有几百万亩的浅海滩涂，开发利用的潜力很大。又处于亚热带，气候温和，雨量充沛，是天然的大温室。

项南提出，福建应该扬长避短，充分发挥自身优势，大念"山海经"，建设林业、牧业、渔业、经济作物、外经、轻型工业、科教和统一祖国八大基地。这些思路得到了全省上下的支持和赞同。

第一次下闽南，在沿海某县看到墙上还写着"以粮为纲"的标语，项南心里就很不以为然。福建穷，穷在"以粮为纲"。

项南与温附山等在福州郊区国营农场调研

福建一直缺粮，包括军粮。基层书记百分之九十九的精力在农业，成为"化肥书记""密植书记"，这样一直下去，经济何时才能起飞？这之后不久，著名外交家、国务院国际问题研究中心总干事宦乡来福建作报告。他说南朝鲜抓了3年工业，把农业甩掉，工业上去了，反过来支援农业……话音未落，就有人当场骂宦乡"胡说"。与宦乡"英雄所见略同"的项南却说，宦乡说的是对的。

在支持群众联户集资办企业的同时，项南头脑中的思想更加坚定：必须大力调整产业结构，特别是农村的内部结构，鼓励乡镇企业的发展。项南提出要甩掉粮食包袱，把缺粮省的帽子扔到太平洋去。省委一些领导乍听之下，感到有些吃惊和不解。能把缺粮省的帽子扔到太平洋去，听起来当然动听，但征购任务呢，群众吃饭呢？口粮不够怎么办？

"口粮不够可以向邻区、邻省或从国外购进嘛。地、县可以成立粮食贸易公司，与闽北订立合同，大做粮食生意。这样就可以把有限的耕地多腾出一些种甘蔗、水果、蔬菜等经济作物。再把新鲜蔬菜运到北方去，把玉米、高粱运回来，把香蕉、荔枝运出去，把苹果、梨子运回来。这样生意就做活了，就能以商业促进经济的发展。"

"福建农业要翻番，要下决心改变农业内部结构，彻底抛弃'以粮为纲'，放下'粮食自给'的包袱，放开手脚发展多种经营。一句话，土地适宜种什么就种什么，走集约化经营之路。"

项南在福建放弃"以粮为纲"的口号，大力提倡"山海经"，鼓励农民因地制宜搞多种经营。福建各地都根据当地实际掀起大念"山海经"的热潮，积极做好山海文章，合理开发山海资源，大力发展山海经济，一批典型县乡和专业户、专业村纷纷涌现，"木耳大王""香菇大王""甘蔗大王"也闻名全国。

福建大念"山海经"的战略口号，当时在周边省份甚至全国都产生了一定的影响。

三十六、邓小平视察厦门特区，项南大胆建言

项南第一次到厦门经济特区调研就皱起了眉头。

当时，厦门经济特区被限定在厦门岛内湖里，只有区区2.5平方公里。这样巴掌大一块地方，能做什么呢？

他对来福建视察特区工作的国务院副总理谷牧说，只有2.5平方公里的特区没有搞头，厦门特区应该扩大到全岛。谷牧他们都赞同项南的想法，可是，扩大特区谈何容易，必须得中央批准。

项南一直为把厦门经济特区扩大到厦门全岛而努力。他还希望中央能给福州一些特殊政策，最好也搞一个类似的经济特区。1982 年，中共中央总书记胡耀邦视察福建，项南又向胡耀邦同志提出扩大厦门特区的设想，也得到了胡耀邦的肯定。

然而，当时的经济特区正遭到一股前所未有的"寒流"，特区姓"资"还是姓"社"的争论甚嚣尘上。

1983 年 9 月，项南在福建省经济特区工作会议上，提出特区要实行"四特"：特殊的任务、特殊的政策、特殊的环境和特殊的方法。这个讲话以《特区要"四特"》为名，经香港《中

在环鼓浪屿航行的游艇上，项南向邓小平提出将厦门经济特区扩大到全岛的设想

国经济特区年鉴》创刊号发表后，《香港经济导报》、日本《中国经济动向》等报刊先后转载。项南向海内外明确表达了自己对发展经济特区的观点和推进厦门经济特区建设的决心。

1984 年 1 月下旬，邓小平视察深圳、珠海特区。2 月初，邓小平来到厦门。2 月 7 日上午，项南扼要地向邓小平、王震汇报了厦门经济特区的创办情况。邓小平对项南下决心抓基础设施建设表示首肯："这个抓得对，要下本钱。栽得梧桐树，

1984 年，项南陪同邓小平视察厦门东渡港码头

引得金凤凰嘛，要努力改善我们的投资环境。"邓小平还说：
"最好能吸引外资参加基础建设。"

2 月 8 日早饭后，中国经济特区的倡导者邓小平来到东渡
港，视察了正在建设中的几个万吨级深水泊位码头，在厦门码
头登上了鹭江号游艇。

游艇环绕着鼓浪屿缓缓航行。项南在邓小平身边落座后，
摊开了早已准备好的厦门地图。虽然在项南的鼓励下，特区不
再死抱 2.5 平方公里，在此之外办厂也可享受特区待遇。但这
毕竟是不合法的，外界也都认为厦门特区只巴掌大，激不起投

资和创业热情。

项南的汇报开门见山："小平同志，厦门特区现在实际只有2.5平方公里，实在太小了，太束缚手脚了，即使全部建成，也没有多大的实际意义。"

邓小平问："你们有什么具体想法？"

"最好能把特区扩大到全岛！使整个厦门岛都成为特区，这对引进外资和技术，对改造全岛的老企业，对加强海峡两岸的交往，都可以起到更大的作用。"

邓小平一边听汇报一边察看地图，思索一阵后，以肯定的

项南陪同邓小平视察集美学村

项南与邓小平、王震在厦门鼓浪屿晃岩楼交谈

语气说，"我看可以！"

过了一会儿，邓小平又问项南："特区扩大后你们想怎么个搞法？"

这正是项南想要汇报的第二个问题，这个问题同建设自由港连在一起。

228

　　1981 年 7 月，福建省委收到了闽籍泰国华侨李引桐先生
《关于厦门特区建设的意见》。李先生认为厦门特区太小，又
没有像深圳、珠海靠近港澳这样现成的自由港可以利用，因
此，门应该开得再大一些。倡议在厦门建设自由港。早就对自
由港有所了解、而且一心希望扩大特区的项南，对李引桐先生
的信十分重视。他要求厦门市委书记陆自奋亲自陪李引桐先生
到省里来，向省委常委介绍自由港的情况。

　　项南曾经向来访的许多领导介绍把厦门建设成自由港的想

1984 年 2 月，项南（前排左一）与邓小平在厦门万石山植物园植树留念

画传 XIANGNAN HUAZHUAN

项南陪同邓小平、王震视察驻闽海军某部

法，但"曲高和寡"，没有得到多少回应。

项南不死心，决定趁邓小平视察厦门之际再次提出这个问题。他向邓小平介绍说："现在台湾同胞和海外华侨华人到大陆，都不是直来直去，而要从香港或日本绕道来，实在太麻烦了。如果把离台湾、金门最近的厦门特区搞成自由港，实行进出自由，这对海峡两岸人民的交往，外商进来投资将会起很大的促进作用。"

见邓小平对这个问题很感兴趣。项南让厦门市的有关领导向小平同志提供了关于自由港的一些资料，同时，也向小平汇报了关于把厦门建设成自由港的一些具体设想。

项南对邓小平说，如果参考香港的做法，自由港无非就是三条：一是货物自由进出，二是人员自由来往，三是货币自由兑换。

"前两条还可以，可后一条你拿什么跟人家兑换呢?"邓小平问。

项南回答："我看可以印发'特区货币'。"

1984 年，项南（右一）在厦门看望到鼓浪屿疗养的著名作家丁玲（右二）、著名数学家陈景润（左二）

1985 年 1 月，项南（右三）陪同万里（右四）视察厦门特区，察看特区建设规划模型

　　邓小平没有说话，显然也在沉思。

　　项南见邓小平没有把门堵死，心里很是激动，进而提出："单有厦门特区的发展，还解决不了福建由穷变富的问题，最好是闽南厦、漳、泉三角地区也能对外开放。"

　　邓小平表示："这个问题，要等回北京后，跟第一线的同志们一起研究。"

　　2 月 9 日，项南陪邓小平一行参观完湖里工业区后，欣然挥毫命笔："把经济特区办得更快些更好些。"

　　离开湖里，项南又陪同邓小平一行视察了厦门国际机场。前一天，从日光岩步行到游艇码头的林荫路上，项南就向邓小平介绍了有关厦门国际机场的情况。

　　眼见为实，厦门国际机场果然是高速度、高起点。王震连声说："厦门机场搞得不错！"邓小平的脸上也露出了笑容，他问项南："为什么叫国际机场？"

　　项南回答："搞经济特区，就应该与海外建立广泛的联系，叫国际机场，有利于对外开放。不仅要让人家飞进来，还要飞

1985 年，项南（右一）陪同全国政协主席邓颖超（右三）视察厦门特区

1991年，项南（左一）在福建省省长贾庆林（右二）陪同下视察厦门港区建设

出去，不仅要与东南亚建立联系，还要与日本、美国等通航，将来还可以飞台湾，飞美国，只有飞出去才能打开局面。"

邓小平大声说："飞出去好，就是要飞出去嘛！"

厦门国际机场不负众望，今天已经成为闻名遐迩的第一流航空港。

邓小平视察厦门经济特区，无疑给厦门经济特区建设以巨大的鼓舞。

1984年3月18日，胡耀邦会见日本友好人士伊东正义率领的日中友好议员联盟访华团。胡耀邦对日本客人说，中国实行的对外开放政策，不是收，而是要继续放。这是邓小平同志2月间到深圳和厦门经济特区视察后提出来的，我们中央的同志都赞成他的主张。胡耀邦说，现已决定把厦门经济特区的范围由原来的2.5平方公里扩大为整个厦门岛，并在沿海一线，北自辽宁的大连，南到广西的北海，选择若干城市采取某些特殊的政策。这样做是为了欢迎外国朋友在那里搞合资企业或独资经营，包括独资修建旅馆等。

1985年6月29日，国务院批复福建省政府《关于报审厦门经济特区实施方案的报告》，批准厦门特区扩大到厦门全岛和鼓浪屿，并逐步实行自由港的某些政策。这份"85号文件"指出，厦门应建成以工业为主兼营旅游、商业、房地产业的综合性、外向型经济特区。

项南为厦门特区勾画的部分蓝图终于成为现实，厦门特区的建设进入了较快发展的新阶段。

三十七、冲破层层阻力引进外资项目

项南在各种场合不止一次地指出：长期以来闭关自守，造成我国经济发展缓慢，工业基础薄弱，对现代化建设是非常不利的。工业要前进，就要抓引进，要放手让企业去干。

项南对引进项目非常积极，有的甚至直接参与谈判。他说，一定要大开门户，狠抓引进。有些项目能拍板的要当场拍板，不要优柔寡断，不要七请示八请示，贻误时机。一句话，根据当时国务院领导"权放一格"的精神办，放手干。

闽西老区永定县的一位爱国华侨，想为家乡建设尽点力，独资经营开办藤器公司，进口藤条，招收那些待业在家的年轻人搞编织，再由他销往国外。因为有项南的讲话，县里批了，地委也批了。报到省里，却一直没回音。县里问地区，地委又写信给项南，问这件事省里为什么不批？项南找到省经委负责人，省经委负责人说，不是我们不批，是国家经贸部不批，他不发许可证，这藤条就进不来。

还有这种事！这么件大好事，有什么理由不批呢？项南又给老熟人、经贸部副部长魏玉明挂电话："这样的项目，为什么还要经贸部批？你们怎么也要卡这件事？"

"这完全用不着批。"魏玉明说。

"那好，我就告诉县里让他们进来。"

"可以。"魏玉明肯定地说。

没想到，第二天省里就接到了经贸部的一个文，回复说不予批准。项南得知情况，非常生气，后来到北京开全国人大会，项南专门为此事到中央书记处去告经贸部的"状"。胡耀邦批给陈慕华，陈慕华又给胡耀邦写了个报告说，福建这个项目不批准是完全有理由的：第一，在国内搞藤器生产的厂子已经很多了，现在的销路就有问题，再生产就会增加积压；第二，藤条是要进口，要花外汇；第三，没有什么先进技术。所以经贸部考虑不批准这个项目。

在退给项南的文件上，胡耀邦画了个圈，没有说同意也没有说不同意。

问题没有解决，项南实在想不通，难免火气大了点："这是独资企业，不是合资企业，你管它干什么？像这样一个明显有利的项目都来干涉，我们国家对外开放还有什么希望？"

见项南不依不饶，经贸部提出了折中方案，对福建说，这个项目就算同意了吧。但项南对此一直耿耿于怀，他不是为自己的面子，而是感到一个国家的形象、一个开放省份的形象在华侨中、在海外人士中会产生负面影响。这么一件小小的事情还弄到总书记那里，听说也送到陈云那里，越闹越复杂。

陈云在看完项南的报告后说："项南同志的意见很对。"大概就是在这样的情况下，经贸部才最后同意。

1984年8月，闽西第一家外资企业——永侨藤器企业有限公司正式签约，由香港新艺行引进先进技术设备，独资生产和经营藤木、藤竹、藤钢、藤塑、藤家具、藤工艺品等综合制品，产品全部销往国外。事情是办成了，但只有身在其中的人才能体会个中的滋味。

这件事使项南感到，不能这样层层审批，更不该处处设卡。上自中央，下到省、地（市）都要"松绑"放权。中央要放给地方，省里要把大量的权放到地（市）、县一级，有的放到公社一级。他在公开场合坦言，我们开放到现在，因为放权出了乱子的，在福建还找不到一件，但是由于权不放而出了乱子的，福建可以找到很多。不放可能出乱子，放了可能不出乱子或出点小乱子。

无私才能无畏。在1984年底参加全国指导性计划讨论会上，项南当着许多领导同志的面旧事重提，他深有感触地说："这样一个小项目，我们就遇到这么多困难，审批了两年。省里都不能批这种项目，怎么打开外经工作的局面？这种项目不要说中央部门可以不管，省里去管都是多余的，顶多就是所在县的政府管一管就行了。至于大一点的项目，拖的时间就更长了，有些项目谈了两三年都定不下来。有的华侨反映，真是马拉松，比谁的命更长。这种状况，叫我们怎么对外开放，怎么去执行小平同志提出的对外开放方针？"

项南还说："我们强调'放'，不仅包括思想解放，权力下放，同时政策和计划也要逐步开放。福建经济要发展，现在再去要求中央给我们多少投资，安排多少项目，是不现实的。我们只要求给政策，把一些权力下放给省，有些下放到市、县。"

项南坦陈，自己本来跟外商会见还挺积极，总希望多搞点项目使福建经济上快点，可是后来感到很为难。因为跟外商谈，一般都希望给个确切的答复，能不能搞，能否搞成？开始项南总是很爽快地答复，"行，能搞。"但后来证明没有这么简单。几次教训后，项南也不敢肯定回答了。他说，"我说能搞，又不算数。我说能搞成，上面不批准怎么办？"

"不光工业要引进，农业也要引进，引进先进技术和优质品种，是为了最终打出去。"这是项南的又一独到见解。他曾多次主持省委常委会议，专门讨论农业引进的问题。在他的领导下，福建的农业项目引进长时间走在全国前列。

三十八、决定企业命运的"松绑"放权

　　项南主政福建后，以家庭联产承包责任制为核心的农村改革步伐大大加快，经过两年的实践，在福建产生了良好的效果。但 1983 年福建企业的经济效益很不理想。企业被自身

1982 年，项南（前排右二）与福建省政协主席伍洪祥（前排右一）等考察国营企业

的压力和旧的运营模式五花大绑，难以动弹。在产、供、销、人、财、物方面，企业的手脚全被"统"死了：计划统一下达，物资统一供应，产品统一调拨，价格统一规定，人事统一安排，工资统一定级，财政统收统支等。

1984 年 3 月 23 日，在省会福州参加福建省厂长、经理研究会成立大会的 55 位厂长、经理写出发自心声的呼吁信———《请给我们"松绑"》，交到了项南的手里。

信中诉说旧体制的条条框框捆住了他们的手脚，企业没有动力，也谈不上活力，要求省委、省政府下放企业内部的干部任免权、奖励基金支配使用权等五项权力。

项南看完，很快就作了批示："此信情辞恳切，使人读后有一种再不改革，再不放权，就真是不能再前进了的感觉。本人认为有必要将这封信公之于众。"

第二天，《福建日报》在头版头条全文刊登了 55 名厂长、经理呼吁信——《请给我们"松绑"》。项南还亲自写了一段饱含改革激情评论式的导语。如此迅捷的反应和重视程度，是厂长、经理们始料未及的。

一石激起千重浪。呼吁信的公开发表，立即引起了强烈的反响和一系列连锁反应。

3 月 30 日，《人民日报》在第二版头条位置转载了 3 月 24 日《福建日报》的呼吁信以及 25 日刊登的省经委、省委组织部支持呼吁的报道。并加了编者按，"这封呼吁书提出了体制

1984 年 1 月，项南陪同中共中央政治局委员、中央书记处书记陆定一同志在福州视察

改革的一个重要问题"，旧的阻碍生产力发展的状况"到了非解决不可的时候了"！很快，《经济日报》、中央电视台等全国主要新闻媒体都加以转载和播发。

4 月 15 日，国家体改委和国家经委邀请 55 位厂长、经理中的 5 名代表赴京座谈"松绑"呼吁和体制改革问题。著名经济学家、国家体改委副主任童大林主持召开了 3 次座谈会。他指出："松绑"放权"不仅对体制改革，且在整个经济工作的池子中投入了一块石头……"国家经委副主任袁宝华说："你们做了一件好事，省委、省政府积极支持'松绑'和采取的放权措施，受到有关部门和领导的好评。"5 位代表还应邀到中央党校、《红旗》杂志社进行座谈。

在全国国营企业体制改革尚未启动的情况下，厂长、经理们提出的搞活企业的 5 项要求阻力重重，项南强调"松绑"放权不能报纸登了了事，要抓落实，抓出成效。

在 4 月 10 日的福建省工贸会议上，项南指出：要使企业有活力、动力和压力，根本问题就是要改革，改革的核心就是放权。必须使我们的厂长、经理有人权、财政和管理权。一个厂长或经理没有这三种权力，可以断言，这个企业是办不好的。我们希望各部委、各厅局都和省委、省政府一样，时时刻

1984 年，项南从北京出席两会归来

1985 年 6 月，项南在中共福建省第四次党代会上作报告

刻想着当厂长、当经理的困难，要把捆在他们身上的绳索解开，让他们前进，让他们发展，让他们起飞。

4 月 24 日，要求"松绑"的呼吁信发表一个月后，福建省委常委和省政府党组作出决定：5 月中旬再一次召开 55 位厂长、经理会议，对"松绑"放权进行检查。项南亲自为会议写了一条名为《省委决定下月中旬召集 55 个厂长进行检查：还有哪些权没有拿到手，还有哪条绳索没有解开》的新闻在《福建日报》刊出：

昨日省委常委和省府党组在整党会议上作出决定：下月中旬再一次召开 55 个厂长、经理会议，对"松绑"放权进行检查：有哪些权没有拿到手，还有哪条绳索没有解开，是谁对放权"松绑"搞得好，是谁把着权不放，是谁不给"松绑"。检查将指名道姓，找出促进改革的单位和个人，找出阻碍经济改革的单位和负责人，进一步扩大企业的自主权，逐步摆脱企业对行政的附属地位。

项南亲自写的短消息稿，给改革者以鼓舞，给观望者以督促。

在改革开放、解放思想的初期，福建率先提出"松绑"放权，扩大企业自主权，开了全国国企改革、政企分开之先河。

1985年，项南在中共福建省第四次党代会上投票

1994 年，项南与习近平在福州

　　1984 年 5 月 10 日，国务院颁发了《关于进一步扩大国营工业企业自主权的暂行规定》，对企业要求"松绑"放权予以肯定。5 月 12 日，《人民日报》以《请求松绑答应松绑拉开了改革序幕，立志改革勇于改革回厂后即见高低》为题，报道了福建 55 位厂长、经理回厂后进行改革的情况，并高度赞扬了他们的做法。

　　鉴于企业存在吃"大锅饭"现象严重的问题，项南提出要打破分配上的平均主义，努力改革企业吃国家"大锅饭"、职工吃企业"大锅饭"的弊端，让"包"字进城，企业也要搞承包责任制，要包到班组，责任到个人，这样才能充分调动企业和职工的积极性。

一个"松绑"放权，一个"包"字进城，这两次改革都是触及了城市改革中的较深层次问题。现在看来似乎很平常，但在当时的情况下，项南敢于支持，敢于实践，在全国产生了一石激起千层浪的影响，确实需要很大的勇气和胆略。

1994 年 2 月，为纪念具有历史意义的"松绑"放权、扩

1994 年，项南与夫人汪志馨在福州

大企业自主权大讨论 10 周年，中国企业管理协会、中国企业家协会作出决定：将每年的 4 月 21 日定为"全国企业家日"。

1994 年，项南与汪志馨在福州

三十九、"晋江假药"风波

1985 年 6 月 16 日，中央人民广播电台播出了全国贯彻实施药品管理法会议以及批评福建省晋江地区生产销售伪劣药品的新闻。卫生部部长崔月犁在会上批评了福建省有关部门，要求执法机构不能手软，对假药案要一查到底。广播还说，对一些制售假药的不法分子如何处置，人们将拭目以待。

当天的《人民日报》也刊登了题为《触目惊心的福建晋江假药案》的文章。《人民日报》公开批评，影响非同小可。

正在闽东考察工作的项南听到广播后，马上交代秘书挂电话给省委，要求晋江地区、晋江县委，立即召开领导干部会议，对此事迅速作出反应。要有认识和态度，组织力量，采取措施坚决处理伪劣药品。回到福州后，项南马上组织省有关部门会同卫生部调查组下到晋江，在地县工作组的配合下，对假药案进行调查。

"晋江假药案"实际是发生在晋江县陈埭镇涵口村个别村民身上的不法行为。陈埭镇是回民聚居区，在"以阶级斗争为纲"的年代，这里不但阶级斗争异常严酷，就是村民之间、宗族之间的械斗也屡屡发生，恩恩怨怨的历史长达百年。党的十一届三中全会后，尤其是项南关于支持乡镇企业的讲话之后，群众浮动焦躁的心情逐渐安定下来，人们围绕着发展经济调整了思路，发展乡镇企业和民营经济。在取得长足发展的同时，也伴生出一些唯利是图的丑恶现象。以食品假冒药品销售即是其中最有代表性的一例。

经查明，陈埭当时制造销售假药的主要是涵口村。这个村子有2600多人，960多亩土地，人均不足5分地。20世纪80年代初开始，该村大量培育生产白木耳，因技术普及后产量大增，但市场价格却大跌。村干部和有生意头脑的人就想办法将白木耳加糖制成清凉饮料出售，因一时打不开销路，他们又加上"散""剂"字样，包装盒印上"滋阴润肺，主治虚劳咳嗽"的功能说明，又与省内外医药部门联系推销，给回扣，一时销量大增，销售金额达到800多万元。这些饮料虽然本身没有危害，但把它说成药显然是错误的。

对于这种不正当甚至违法的做法，福建省委历来是坚决反对的。项南的态度一贯明确：乡镇企业要扶持，要发展，但对非法活动也要严厉打击。他多次强调，一定要注意质量，乡镇企业才能站稳脚跟。

其实，"晋江假药案"从1985年初暴露后，就已引起福建省委、省政府的高度重视。项南虽然热情赞誉蓬勃兴起的乡镇企业是福建经济发展的"一枝花"，但对晋江陈埭镇涵口村一些农民以白木耳饮料充当感冒冲剂的行为坚决反对。他指出这种搞法是完全错误的，并及时如实向中央反映，主动带头检查领导责任，同时采取果断措施，下令严肃处理。没想到，就在福建省全力查处此事时，全国报纸、电视、广播一齐上阵，指名福建省委要对此事作出检查。中央高层也对假药案一事进行了严厉批评。

在媒体的不断炒作下，这起本来只是发生在晋江县陈埭镇一个村庄的假药案，影响迅速扩大，曾被项南赞誉为"乡镇企业一枝花"的晋江县乃至整个晋江地区（现为泉州市）的乡镇企业都受到严重冲击，产品卖不出去，展销会不让参加，退货单雪片似的飞来，甚至连晋江人到外地出差，也被旅馆拒之门外。晋江地区的许多乡镇企业，犹如风暴中的小船，随时都面临灭顶之灾。

在最困难的时候，项南站了出来。当年 7 月中下旬，福建省在莆田江口镇召开了乡镇企业现场会，项南在讲话中，对假药案及一些问题提出批评，也对来之不易的乡镇企业发展局面倍加爱护。针对陈埭甚至全省乡镇企业遭受谩骂指责，并因此陷入困境的状况，项南指出"这是十个指头和一个指头的关系"，科学的办法是要"治虫护花"。今后我们在改革的路上还是要大步往前走，注意铲除莠草，使乡镇企业保持旺盛的生机。

项南的讲话，使陈埭上下，也使全省乡镇企业的领导人感动不已。在中央高层批评、全国新闻媒体竞相指责的情况下，能听到项南这些公正的话，太难得了！那些乡镇企业的领导人感动之余，纷纷表示，决不辜负项南的期望，在改革的路上注意铲除莠草，保持旺盛生机，继续大步往前走。

项南和福建省委对假药案的处理是坚决的，措施是得力的，既制止了假药的制售和进一步泛滥，对主要责任人也都作出了合适的处理。但谁也没想到，在未来的日子里，竟然会因为一些人挖空心思的炒作，所谓"晋江假药案"持续发酵，其影响一直延续到项南离开福建之后的几年。

笼罩在"晋江假药案"阴影之中的项南，对自己所从事的事业没有丝毫的犹豫和退缩，对认准的事情仍是义无反顾，继续推动改革开放的信念从未动摇。他说，改革也是一场革命，肯定是有人赞成，有人反对。反对的人要骂你，我们就硬着头皮让他骂，他骂了半年、一年，我们的情况改变了，经济也搞活了，他就不骂了。到那时不仅不骂你，可能还要赞扬你，说还是你有眼光。

作为一个经历过多次政治风波的改革者，项南以他独到的眼光告诉大家："中国在今后几年之内，改革要想不出点问题是困难的，要想事先都考虑得很周到，然后再去改革，那就不要改革了。"

在离开福建前的另一次会议上，项南明确表达了自己的观点：改革开放是新生事物，谁也不可能做到万无一失，改革开

福建晋江经过三十多年的发展，已经成为中国改革开放的一个标志，也是中国县域经济的典范

放是有得有失，但可以肯定一点，得到的比失去的要多得多。因此可以肯定地说，我们搞改革开放是正确的，成功的，是不可动摇的。如果我们在改革开放过程中，只看见一些不健康的东西、一点错误，就动摇或者改变这个英明决定，这种态度是非常错误的，一个共产党员在任何时候都要分清主流和支流的关系、本质和现象的关系。

1986 年 3 月下旬，项南带着中央派来接替他工作的陈光毅，风尘仆仆地走访了莆田、漳州、厦门、泉州这几个沿海地市，向他介绍福建的情况。

项南没有忘记还处于风口浪尖之中的晋江县陈埭镇，特意与陈光毅一起到了涵口村，当地干部惶惶不安地向两位领导介绍了查处"晋江假药"之后的一些情况，表示要吸取经验教训，积极发挥侨乡优势，努力让乡镇企业朝着健康的方向发展。当项南得知查处假药案时，把村办企业正当所得的 13 万元也一并查扣了，当即对陈光毅说，这笔钱应当发还给村里。临离开村时，项南还特意叮咛晋江县委书记，要归还村民的这笔钱。

四十、67 岁深情告别八闽

1984 年，项南就曾向党中央提出，让更年轻的同志来接替自己担任福建省委书记。当时，项南已经 65 岁。这也是当时省部级领导干部任职年龄的一个界限。为了稳定大局，中央决定包括项南在内的几个省和自治区的领导可以再过渡一段时间。

1985 年，中央还安排项南担任中国共产党代表团副团长，与中共中央政治局常委、中央书记处书记胡启立共同率领中国共产党代表团访问联邦德国。

这次访问是中国共产党与德国社会民主党之间一次重要的政治交流。胡启立、项南此行会见了社民党名誉主席勃兰特和联邦德国总理科尔，访问了黑森州、萨尔州，参观了世界先进的 KKG 核电站，考察了联邦德国的职业教育，走访了马克思研究中心，并确定了中共中央总书记胡耀邦对联邦德国的访问日程。

1986 年春，中共中央决定陈光毅接替项南出任中共福建省委书记，尽管已经有许多传闻，这一消息正式发布后还是

　　1985年，项南（右三）陪同中共中央政治局委员、中央书记处书记方毅（左二）在南平视察

　　让大多数福建人感到突然，许多人自然而然地把项南的离职与"晋江假药案"联系在一起，认为项南因此而受到了牵连。海外的一些报刊也刊登文章，表示对项南离开福建的不解和惋惜。

中共代表团与德国社会民主党举行会谈。左一为项南、左二为胡启立、右三为李淑铮

项南与德国社会民主党主席勃兰特交换礼物

中国共产党代表团访问联邦德国马克思研究中心

中国共产党代表团一行参观联邦德国 KKG 核电站信息中心

1986 年 2 月，项南（左五）陪同杨尚昆（左六）接见解放军驻闽部队的领导同志

1985 年 5 月，项南出席解放军驻榕某部修建福马路隧道工程誓师大会。强调发扬大无畏的英雄气概，讲科学，讲改革，拿下福马路隧道工程。福（州）马（尾）公路是福建第一条一级公路。这条道路的开通，对于马尾经济开发区发挥了重要作用

1986 年 3 月，项南（右一）在福州会见来福建视察工作的全国人大副委员长班禅额尔德尼·确吉坚赞（右二）

1986 年，项南在福州会见来闽视察工作的全国人大副委员长荣毅仁

1986 年 3 月，项南向新任省委书记陈光毅移交工作

　　项南此时已经年届 67 岁，是全国各省、自治区、直辖市一把手中年龄最大的一位，这样的安排也属正常。项南自己显得十分平静，他对这样的安排并不感到意外，也真心希望有年轻的同志接替他，把福建的改革开放事业继续推向前进。

　　项南的继任者是原中共甘肃省委副书记、常务副省长陈光毅。1986 年初夏，项南与陈光毅交接了工作，并陪同陈光毅在福建泉州、厦门等地考察，还与陈光毅一起看望了出席中共厦门市委六届三次全会的同志，发表了《希望厦门走在福建四化建设前头》的讲话。项南在省直机关负责干部大会上热情地向人们介绍新任省委书记的情况，并作了充满深情的告别讲话。他最放心不下的，还是刚刚起步的改革开放事业，还有那些随时都可能遭受挫折的改革者。

1987 年，项南在北戴河

　　1988 年，项南、汪志馨与家人在北戴河度假。从左至右：刘平（儿媳）、南南、贝贝、项南、小小、莲莲、红娃、汪志馨

1987 年，项南与汪志馨攀登长城

1997 年 4 月，项南与
即将去美国留学的孙女贝
贝在北京

1989 年，项南与汪志馨在意大利参
观比萨斜塔

1993 年，项南与汪志馨在印度尼西亚

1994 年，项南与汪志馨在家乡的竹林

四十一、创办和主持中国扶贫基金会

1989 年初，刚刚卸任国家主席又担任全国政协主席的李先念召见项南，要他出任中国扶贫基金会会长一职。

1989 年 3 月 13 日，中国扶贫基金会在北京成立。原国家主席、全国政协主席李先念担任名誉会长，项南当选为首任会长。图为宋任穷（左一）、李先念（左二）、项南（左三）在中国扶贫基金会成立大会上（徐小榕摄）

李先念（右三）、项南（右二）在中国扶贫基金会成立大会上

项南在基层
调研扶贫工作

项南（左三）与中国扶贫基金会副会长何载（右一）、副会长李敬（右二）等在陕北老区考察

　　1989 年 3 月，中国扶贫基金会在北京成立。全国政协主席李先念出任名誉会长，项南任会长。魏玉明、柯华、何载、李本、金熙英等为副会长。

　　中国走上改革之路不满十年，大多数人的温饱问题才刚刚解决，随之而来的问题就是如何让更多的人摆脱贫困。按照国际通行的标准，当时生活在贫困线以下的中国农民多达 1.2 亿。中国政府立志要在 20 世纪末建成小康社会，如果不能让基数这么庞大的人口摆脱贫困，小康社会就无从谈起。成立扶贫基金会，是聚集各种社会力量，协助政府完成在 20 世纪末基本解决贫困人口温饱问题的目标。

李先念名誉会长一直十分关心扶贫基金会的工作，临去世的前几天还在听取基金会的工作汇报。他语重心长地对项南说，战争年代，老区人民把所有东西都给了我们，连猪娃子都让我们吃掉了，革命成功了，千万不能忘了他们。

中国扶贫基金会成立之后，第一个约见项南的是聂荣臻元帅。

戎马一生的元帅此时已经卧病在床，他自知来日无多，最放心不下的事情之一，就是抗日战争中晋察冀军区驻扎的太行

　　项南（右三）与中国扶贫基金会副会长何载（左二）、李敬（右二）在河北阜平老区考察

项南 | 画传 | XIANGNAN HUAZHUAN

项南率扶贫基金会干部下乡考察

项南在太行山老区看望群众

项南与汪志馨在太行山老区考察时走访农村集贸市场

山老区人民还生活在贫困之中。他叮嘱项南一定要帮助太行山
老区人民脱贫致富。项南紧紧握着聂帅的手，让聂帅放心。

　　辞别聂帅，项南更觉肩上的担子沉重。白手起家创建这
样一个扶贫基金会，帮助千百万群众摆脱贫困，任务光荣而
艰巨。

　　和世界上所有大的基金会不同的是，"中国扶贫基金会是
一个没有基金的基金会"，是一个以扶贫济困为宗旨的基金会，
这是项南对基金会初创阶段的形象描述。农业部拨给 10 万元

项南为贫困学生
发放书包和文具

1994 年，项南为
连城朋口中学题写校名

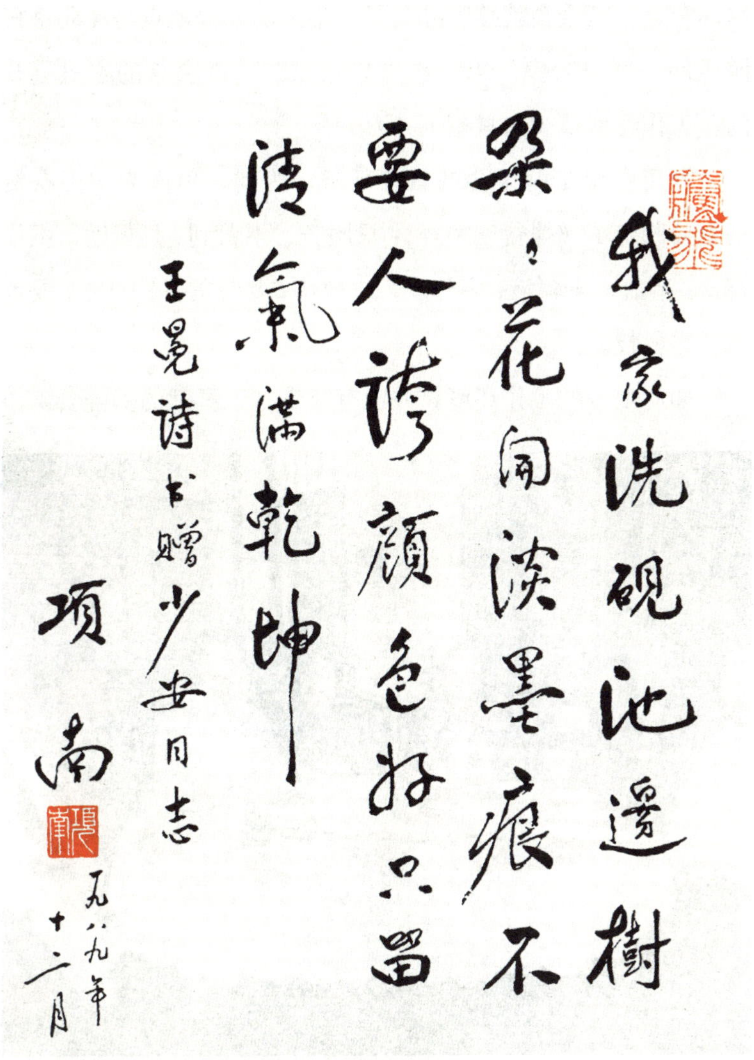
我家洗硯池邊樹
朵朵花開淡墨痕
不要人誇顏色好
只留清氣滿乾坤
王冕詩書贈少安同志
項南
一九八九年十二月

启动资金，基金会就挂牌办公了。唯一的办公地点是在北京官园租的一间办公室。第一次理事会是在项南会长的家里召开的，工作经费最少时只剩下4万元。

筹集资金是基金会的首要任务。为此，项南为中国扶贫基金会制定了《扶贫三字经》：只服务，不营利；只帮助，不代替；多造血，少输液；多开发，少救济；要脱贫，靠自立；要致富，靠科技。

如此艰苦的工作环境，并没有吓走甘于奉献的基金会工作

1993年，为中国扶贫基金会筹款事宜，项南夫妇访问新加坡时与陈嘉庚先生亲属陈共存先生（左一）、新加坡华侨银行董事长、慈善家李诚毅先生（右三）、印尼实业家、慈善家李尚大先生（右二）在一起

274

1995 年，项南与全国人大副委员长雷洁琼（左三）、王光美（左二）会见李陆大夫妇（左四、左五）

人员。10 年中，基金会的工作人员流动性并不是很大，很多人都在为中国的扶贫事业默默无闻地奉献。

项南和基金会的老同志们把募集到的第一笔资金，捐赠给了延安老区。随即又带着聂帅的嘱托和叮咛，实地考察了河北阜平县，帮助县委、县政府制定了长远的脱贫致富规划。

项南凭借其德高望重的个人魅力，廉洁高效的工作作风，以及在海外和港、澳、台及东南亚华侨华人中的影响力和感召力，很快筹集到一笔笔善款，基金会的工作有了很大起色。在基金会成立初期，广交朋友，加强联络，努力争取海内外各界人士对扶贫事业的理解和支持，成为基金会不断拓宽募资渠道的主要方式。

在项南主持中国扶贫基金会的 8 年中，通过召开研讨会、组团出访、邀请回访、与海内外知名人士交往等各种方式，与国际上和地区间 60 多个非政府组织及其驻华机构建立了经常性的联系。

为了帮助老少边穷地区人民脱贫致富，在扶贫基金会工作的岁月里，项南经常深入老少边穷地区进行调查研究，足迹遍及西北、华北和南方的许多贫困山区。

项南和基金会的许多理事，都是从省部级领导岗位上退下来的老同志。他们去贫困地区考察，总是尽量不惊动地方领导，轻车简从，恨不能一分钱掰成两半花。对百姓的疾苦，却时刻记挂在心上，总想在有生之年为贫困群众多做点事。他们动情地说，过去闹革命就是为了救穷人，如今还有人受穷，没法儿去见马克思啊！

有一次，项南与何载副会长从陕西到河南考察。离开陕南后，他们搭乘长途客车进入秦巴山区。同车的旅客们谁都没有想到这两位年过古稀、衣着朴素的老人，是北京来的大领导，一路上与他们谈笑风生。直到长途班车进入河南半天后，被一辆警车拦下，当地的政府官员们把这两位不速之客请下了班车，他们才知道这两位老人"来头不小"。

1994年，国家颁布了"八七扶贫攻坚计划"。为配合这一计划的实施，中国扶贫基金会在项南主持下于1994年、1995年、1996年3次召开"扶贫行动大会"，向社会发出《大家都来参加扶贫行动》的倡议。就在项南竭尽晚年全部精力投入他所钟情的扶贫事业，决心"扶贫到户"的时候，却再一次被无端卷入一场风波。一些人对中国扶贫基金会的恶意中伤，让项南心力交瘁。

从1995年开始，项南因心脏病几度住院治疗，医生和家人都叮嘱他要注意休息。可他是个闲不住的人，仍然每天都安排许多工作，依旧为中国的扶贫事业操劳。儿女们如此追述父亲："即使是在谈到他所遭受的最不公正对待的往事时，他也从不为自己难过，他只是为这个国家和民族担忧。他充满无限惋惜地说：'我们浪费掉的时间太多了，如果能够早30年、20年甚至10年，给国家和人民一个好的环境，我们就能多做多少事，我们和世界的差距就不会像现在这样大。'"

如果不是因为突然袭来的心脏病，项南还计划去许多地方考察。他曾发愿，要在有生之年，考察中国东西南北那些有代表性的贫困地区，为中国的扶贫大业献计献策，让更多人和更多企业加入中国的扶贫队伍，尽可能让更多贫困地区的人民摆脱贫困……

四十二、扶贫的丰碑竖立在人们心中

　　中国扶贫基金会在创建后的七八年中，先后为贫困地区和贫困家庭累计提供资金和物资 6 亿多元，使 160 多万农村贫困人口受益。他们还实施了一系列的扶贫项目，强调增强农户自

1992 年，项南为李尚大、李陆大昆仲捐资兴建的慈山学校剪彩

项南关心闽西农民的脱贫致富，这是他在闽西考察农村企业

项南考察福建长汀河田水土保持

1994年，项南在闽西老区访贫问苦

　　1994年，项南与热心扶贫工作的华美卷烟厂原董事长刘维灿（左一）在闽西

项南出席江苏陕西交流干部培训班开学典礼

力更生能力、自我发展能力，使农户得到一次资助、可以长期受益。

　　发起并倡导江苏和陕西两地干部异地交流，是中国扶贫基金会成立之初做的最有影响的一件事。扶贫基金会不能等有了钱再去开展工作，于是经老同志牵线，开始了江苏、陕西两省140 多名干部的对口交流。这项工作开展一年，就为陕南引进项目 200 多个，引进资金 1000 多万元，引进各类人才 500 多名。由交流干部提供信息和帮助，陕南向沿海及国际市场销售

项南出席首都小记者扶贫工作采访团出征仪式

近百种产品，价值达 7000 多万元。

　　这种干部交流方式经中央组织部和国务院扶贫领导小组支持和推广，很快发展到全国 29 个省（区），参加的干部有 1 万多名。这项工作被国家领导同志誉为"扶贫工作的一项创举"。

　　项南动员社会各种力量参与到扶贫事业中来。从 1994 年起，中国扶贫基金会支持吴仁宝、仇振亮、史来贺、常宗琳等劳模在江苏华西村，北京窦店村，河南刘庄，江苏张家港、无锡，山东潍坊、牟平、龙口，福建厦门等地举办县、乡、村干部培训班 40 多期，培训 4000 多人次。

与新闻媒体的广泛合作，扩大了扶贫工作的影响和效果。从 1994 年起，中国扶贫基金会每年与新闻媒介合作举行集中的宣传活动，与新华社、《半月谈》杂志社共同组织每年一度的全国十大扶贫状元评选，该活动一共举办了 7 届，评选出了 70 位扶贫状元。

1995 年，全国人大常委会副委员长雷洁琼（左二）出席项南主持召开的中国扶贫基金会扶贫行动大会

1994 年，项南主持召开中国扶贫基金会扶贫行动大会

　　邀请科技专家深入贫困地区，着力推广"短、平、快"的致富项目，是基金会科技扶贫的主要特点。中国扶贫基金会先后推广的农村致富技术包括菌草种植技术、龙氏养猪法、南德温牛（澳牛）、小尾寒羊等养殖技术。其中，菌草种植技术是改变用木材生产食用菌的传统方式，采用各种野草、海草、农作物秸秆栽培食用菌、药用菌的综合技术。这项技术的发明者是福建农业大学的林占熺教授，他把这项技术无偿提供给基金会。基金会很重视这项技术的推广和普及，并在福建农大、北

　　1995 年，项南率中国扶贫基金会代表团访问美国，考察美国非营利慈善机构的运作

1995 年，项南与美国非营利慈善机构工作人员座谈

1995 年 4 月，项南在美国黑人民权运动领袖马丁·路德·金纪念馆

1995 年，项南在纽约联合国总部

1995 年，项南夫妇祝贺德高望重的章蕴大姐九十寿辰

京大兴县、四川成都建立了培训基地。基金会先后举办菌草技术骨干培训班 70 多期，培训骨干 4800 多人，遍布全国 29 个省区 328 个县，使 35500 户菇农受益。

中国扶贫基金会还与日本笹川和平基金会合作，连续 5 年在贵州施秉县进行乡土人才培训，讲授种植和养殖新技术。美籍华人李玲玉捐资 1000 万元，由基金会组织贫困地区的初中生到中专技校读书，使他们学到一技之长，成为当地脱贫致富的骨干。

项南与邮票设计大师万维生

项南每天都是黎明即起，学习不辍。直到生命的最后一刻，始终关心着百姓的疾苦，关心着国家的前途和命运

1996年，项南在北京医院接受纪录片《大地忠魂》总编导夏蒙采访。左一为夏蒙，右一为杨晓

1997年11月，项南逝世前几天，在家中会见来访的福建青年作家钟兆云

1997 年，项南列席中共十五大时起草小组会发言提纲（杨志栓摄）

1997 年，项南在北京。项南把晚年最后的岁月都献给了中国的扶贫事业，直到生命的最后时刻，仍然为扶贫工作殚精竭虑

2001 年 12 月，汪志馨在项南的家乡连城县朋口镇文坊村（杨志栓摄）

2002 年，历任中共福建省委书记看望项南夫人汪志馨。左起：陈明义、陈光毅、汪志馨、贾庆林、宋德福（杨志栓摄）

　　项南是第一个在中国提出修建高速公路的省委书记，早在 1981 年就提出修建福厦高速公路的设想，并着手制定相关的规划与措施。但这个愿望直到他去世才开始实现。福建现在已经基本建成三纵三横的高速公路网，是全国高速公路最为密集的省份之一

福建漳（州）龙（岩）高速公路石崆山高架桥

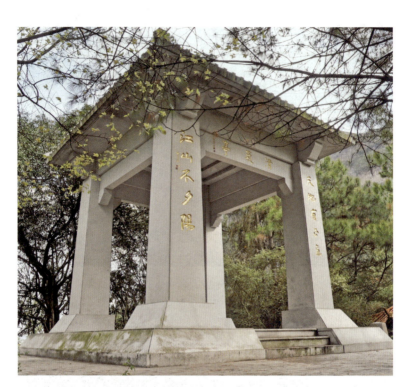

　　在项南的家乡连城县有一座神奇的冠豸山。项南诞辰九十周年之际，由海外侨领李陆大先生捐资，家乡人民在冠豸山麓建起这座可供游人休憩的清气亭，同时还建了一座诗碑。诗碑上镌刻着佛学大师赵朴初亲笔书写的《项南同志哀辞》。纪念亭上"清气亭"三字为国学大师饶宗颐所书，而"天地有正气，江山不夕阳"是已故金石书法大家潘主兰先生的墨宝。清气亭的一角，镌刻着项南手迹"不要人夸颜色好，只留清气满乾坤"。这是王冕墨梅诗中的两句，项南用以自勉并常常书以赠人。这座方方正正的四角凉亭，以"清气"命名，无疑是对项南最好的纪念

从 1989 年成立中国扶贫基金会，到 1997 年项南卸任会长，中国的非政府扶贫事业从无到有。薄薄几页《中国扶贫基金会大事记》记载了 8 年间中国扶贫基金会所做的 100 件事情。这是在项南领导下，中国扶贫基金会艰难前行留下的伟大足迹。

项南逝世后，为他最早立碑纪念的并不是他的家乡，而是太行山深处的河北省阜平县富民学校。那方小小的纪念碑，见证了项南与中国扶贫基金会的扶贫壮举。它的背后，矗立着项南如同太行山一样高大的身影。

赵朴初《项南同志哀辞》手迹

《项南同志哀辞》

赵朴初

一九九七年十一月

四十三年前，与君初相识　意态惊英发，言辞喜真挚　及君主阅政，我偶访福州
相见辄欢喜，劝我南山游　游归道所见，为我解烦忧　古刹脱虎口，令行众愿酬
岁月去如飞，我已称耋耋　病身托医院，不意君亦至　夕阳相过从，谈笑如昨昔
知我念家乡，太湖贫困邑　为筹千万元，周济饥寒急　忠爱与友情，众我咸感泣
君年少于我，体魄亦魁梧　方期百岁宴，同倾壮露壶　孰知瘤耗传，君竟挥手别
岂惟亲友恋，闽民同泣血　君生有自来，世代传功烈　尊翁为革命，铁骨甘百折
山路任漫漫，登攀无断绝　君今逢盛世，且为尽心力　一瞑应无憾，千载留勋绩

注释赵朴老《项南同志哀辞》

汪志馨

一九九八年六月十二日，年逾九十高龄的赵朴老送来了《项南同志哀辞》。这是他亲手书写的长达四十多句的五言诗，言真意切，表达了他对项南同志的厚爱和深情。我们全家人感动万分，并表示深深的感谢。

现对文中的掌故略作注释。

一、"四十三年前，与君初相识。"

一九五四年九月召开全国第一次人民代表大会，赵朴老和项南都是由安徽省选出的代表，编在一个组里，他们初次相识，一起学习讨论，互相有了了解。

二、"古刹脱虎口，令行众愿酬。"

一九八一年底，赵朴老视察福建。项南带他们看了福州的西禅寺，并请他们再到漳州的南山寺看看。赵朴老一到漳州，看到南山寺后面是个动物园，动物园占用了寺庙的一部分房子，庙里还养了老虎。赵朴老看了很难过，回到福州就把这些情况同项南说了。项南听了也感到问题严重，立即打电话给漳州市委处理这个问题，把占用寺庙的房子立即退还。并要各地彻底落实宗教政策，把寺庙的管理权归还给佛教协会。今后要尽可能帮助寺庙进行修缮工作。赵朴老对这些做法很满意，解除了他的烦忧。他称赞项南办事认真。

三、"病身托医院，不意君亦至。"

一九九六年六月，项南同志因心脏病住进北京医院三个月。赵朴老因病也在住院。这一时期，他们朝夕相处，过往密切，谈得就更多了。

四、"知我念家乡，太湖贫困邑。为筹千万元，周济饥寒急。"

安徽省太湖县是赵朴老的老家，当地农民非常贫困。赵朴老每年都要拿出点钱去救济乡亲。项南知道这一情况以后，就请安徽省扶贫基金会帮助解决。经过实地调查，基金会给太湖县扶贫资金一千零三十六万元，并帮助县里认真选择了投资项目。赵朴老知道后，认为此举解决了太湖贫困乡镇的"饥寒急"，他和当地群众都非常感动。

五、"尊翁为革命，铁骨甘百折。"

项南的父亲项与年，一九二五年参加共产党，是福建省最早的党员之一。他一直从事地下工作，曾在上海"特科"工作，为革命作出过特殊贡献。后来到延安，一九四五年到东北，"文革"中被下放到龙岩，一九七八年在龙岩去世。赵朴老称他为了革命而"铁骨甘百折"，并为反映他革命生涯的《山路漫漫》一书题写书名。

在这里，我再一次向赵朴老表示衷心的感谢，并向撰写悼念文章和发来唁函唁电的项南同志生前友好和各界人士深表感谢。

原载《人民日报》1998年11月04日 第12版

结　语

1997 年 11 月 10 日，中国共产党的优秀党员，久经考验的忠诚的共产主义战士，第十三届中央顾问委员会委员、中国扶贫基金会创会会长及首席顾问、原福建省委第一书记、福建省人大常委会主任委员、福建省军区第一政委项南因心脏病突发，抢救无效，在北京不幸逝世，享年 79 岁。

这天清晨，项南照常五点起床，简单活动后即开始读书写作；上午去医院检查；下午福建省委一位领导来看望他，谈话到五点，项南夫妇动身到王府饭店会见一位与中国扶贫基金会有关的外国友人，共进晚餐后，又到中国大饭店会见一位海外侨领。谈话到十点时，感觉不适，向一旁的夫人要药。刚站起来，水杯还没有接到手，就猝然坐下，与世长辞了。

项南的逝世，在海内外引起强烈的反响，尤其是在福建广大人民群众的心目中，项南如同一棵大树：人们不会忘记他对改革开放的贡献，他是这个时代具有代表性的人物之一。他勤于思考又勇于实践，许多见解和观念大大超前于我们的时代，对推动转型期的历史进步起过重要的作用。

　　2008 年，《南方都市报》在全国发起了改革开放 30 年风云人物评选，项南成为 30 位风云人物之一。《南方周末》以《改革八贤》为题推出了八位影响改革开放历史进程的改革家，项南亦是八贤之一。从这一意义上说，称他为改革开放的先驱实不为过。

项南生平大事年表

1918 年

11 月 18 日，出生于福建省连城县朋口镇文地村，取名项德崇。5 岁时进私塾念书，启蒙老师为项际申。

1929 年

六叔项廷纪成为赤卫队的宣传员，11 岁的项南成为少年先锋队队长。

1930 年

4 月，24 岁的项廷纪壮烈牺牲。

秋天，母亲王村玉领着项南和妹妹，在交通员谢志忠带领下，离开连城县，来到大上海。

1931 年

到南京尧化门小学读书，直接念五年级，小学毕业考试作文被列为南京江宁县小学毕业作文考试第一名。

1932 年

从尧化门小学毕业，进入上海强恕园艺学校半工半读。业余时间到中华职教社所属的《国讯旬刊》打杂。

1934 年

3 月，父亲项与年被派到江西赣北第四区保安司令部任情报参谋。

9 月，冒死往江西苏区送绝密情报。

1935 年

母亲王村玉看守中共中央的秘密电台在上海被捕。妹妹也与母亲被一同关进监狱。半年多后，经地下党营救出狱，母亲带妹妹返回老家。不久妹妹因狱中染上骨结核症去世。

1937 年

结束在上海强恕园艺学校学习后，经介绍到福建长乐县政府所属苗圃从事园艺工作。

七七事变后，在长乐县组建"明天歌咏团"并担任副团长，宣传抗日救亡。

1938 年

中共福建省委宣传部部长王助约项南到福州青年会谈话，秘密发展项南入党。

"明天歌咏团"解散。到闽北顺昌县从事园艺工作，编辑县报，创办"顺昌抗敌剧团"，出任团长。被当局定为异党分子，经同乡罗心如通风报信而脱险。

1939 年

春夏之交，化名项新，经朋友黄开修介绍到闽清县发起成立"闽清县政府战时民众教育流动工作队"，任队长，黄开修任指导员。

8月，为避拘捕辗转到南平、广西桂林，拟由八路军办事处介绍赴延安。

1940 年

到北平内迁的成达师范学院任教员。因教唱进步歌曲被解聘。经同乡张雪澄和阮南田帮助，到桂林临桂县苗圃任主任。

1941 年

经桂林八路军办事处介绍，转道香港，廖承志安排，辗转到达在苏北盐城的新四军军部。

夏秋之交，由中共中央华中局分配到盐阜区委工作，改名项南。因无法证明党员身份，在苏北重新入党，无候补期。

1942 年

任阜东县（今江苏省滨海县）政府秘书。汪志馨从抗大五分校分配到阜东九区担任区宣传委员、区长。随后，项南调任阜东九区区委书记。

1943 年

带领九区军民反击日军对苏北抗日根据地发动的大规模扫荡。

1944 年

与汪志馨结婚。年底，长子项小红出生。参加整风学习，因无法讲清父亲项与年的社会关系和政治面貌而受到批评。

1945 年

抗战胜利，调任苏北第五专员公署建设处处长。

1946 年

10 月，临危受命，调任苏北后勤司令部供应部长。因涟水战役期间出色的后勤工作，受到华中军区领导表扬。

1947 年

任苏北第十一专员公署财经处处长，中共江淮区委干校党委书记，中共滁县地委宣传部副部长，中共东南县委副书记兼东南支队政委。

1948 年

3 月，参与收复淮南的战斗。

6 月，任江淮区干校党委书记、江淮公学教育长。

7 月，调任中共东南县委副书记，兼东南支队政委。

年底，出任江淮地委宣传部部长。

1949 年

经华东军区副政委谭震林推荐，与黄辛白、刘星等代表皖北区参加 4 月 11 日开幕的中国新民主主义青年团第一次全国代表大会，受到毛泽东、朱德、任弼时等中央领导接见。不久，担任青年团皖北工委书记。

1950 年

5 月，皖北民主青联成立，被推选为皖北民主青联主席。

1951 年

中共皖北区委书记曾希圣为老战友梁明德寻找失去联系的儿子，与失去联系 20 年的父亲梁明德（项与年）取得联系。

1952 年

年初，新民主主义青年团安徽省委成立，出任团省委书记并兼安徽大学党委书记。

1953 年

出任青年团华东工委第二书记，举家迁往上海。找到母亲王村玉的下落并接到上海家中。

1954 年

3 月，参加苏联共产主义青年团第十二次代表大会。在上海《青年报》连载《访苏日记》，后由上海人民出版社出版。

9 月，在安徽省当选为全国人大代表，参加第一届全国人民代表大会。

1955 年

2 月，与汪志馨一同到沈阳探望父亲项与年。举家从上海迁往北京。

出任中国新民主主义青年团中央宣传部部长。汪志馨任团中央青少部副部长。

1956 年

5 月，随团中央第一书记胡耀邦赴东北三省考察工作。

9 月，当选为中共八大代表，出席中国共产党第八次全国代表大会。共青团三大前夕，代表团中央起草《十点意见》。

1957 年

5 月，中国新民主主义青年团第三次全国代表大会召开，当选为共青团中央书记处书记。

6 月，以中国青联副主席身份，率中国青年代表团访问日本。

7 月，世界青年联欢节在苏联首都莫斯科举行，以胡耀邦为团长，项南、吴学谦、马约翰等为副团长的中国青年代表团前往参加，代表团成员多达一千多人。

9 月，访苏归国后途经新疆、甘肃等地，沿途视察了伊犁、乌鲁木齐等地的共青团工作。

1958 年

《十点意见》被康生等点名批评，上纲上线；6 月至 8 月，共青团三届三中全会召开，项南被定性为"右倾分子"受到严厉批判，全会决定，撤销项南的团中央常委、书记处书记、宣传部长职务；国庆节前夕，下放北京市东郊农村劳动，并给予"留党察看两年"处分。

1959 年

庐山会议之后，再次给予行政降两级处分。

1960 年

东郊农场更名为中阿友好人民公社，项南任副社长。积极支持解散大食堂。

1961 年

经胡耀邦推荐，中央组织部批准，任八机部办公厅副主任。

1962 年

出任八机部农机局局长。

9 月到 12 月，先后发表《农机科研工作要走在农业机械化的前面》《农村手推车见闻》《加速农机企业的技术改造》《农业机械化的若干问题》等文章。

1964 年

从 1963 年至 1964 年，率工作组考察全国九个省、市、自治区的农业与农业机械化发展情况。

1965 年

发表《农业机械化问题考察报告》。

1966 年

2 月，参与筹备、主持全国农业机械管理计划会议，在会上作报告《用毛泽东思想作指针，破除洋框框，走自己的路》。

1967 年

被八机部造反派继续隔离审查，关押批斗。

1968 年

进"学习班"，接受"群众监督"，参加劳动改造。

1969 年

8 月，下放至黑龙江依兰县八机部"五七"干校。

11月，被疏散到河南信阳"五七"干校。

1970 年

被解放，任一机部农机化领导小组组长、一机部农机局局长。

1971 年到 1975 年

先后担任一机部党的核心小组成员、农机局局长，1975年，参与筹备全国农业学大寨会议。

1976 年

8月，率领 15 人去美国考察农业与农业机械化。

10月，主持起草《美国农业机械化考察报告》。

12月，参与筹备全国第二次农业学大寨会议。

1977 年

8月，向中共中央、国务院领导汇报美国考察访问成果，引起高度重视。

9月，任第一机械工业部副部长、党的核心小组成员。

1978 年

4月，率团出访欧洲，对意大利、法国、英国、丹麦四国农业和农业机械化问题进行综合考察。回国后，主持撰写《欧洲四国考察归来谈农业现代化》等文章及考察报告。

10月，父亲项与年因病医治无效，在福建龙岩去世，享年 82 岁。项南参加了中共辽宁省委、省革命委员会为项与年举行的追悼会。

1979 年

任农业机械部常务副部长、党组副书记，并当选为第五届全国人大代表。

5 月，农机部、团中央分别大会宣布中共中央对团中央《关于为项南同志平反的报告》的批复。

6 月，率中国农机代表团出访菲律宾、澳大利亚、新加坡和香港。

12 月率工作组赴江苏、上海进行工作调研。

1980 年

9 月 3 日，参加联合国工业发展组织在北京举办的发展农业机械工业经验交流和合作会议，代表中国政府作专题发言。

12 月，任中共福建省委委员、常委、常务书记。

1981 年

1 月 14 日，在福州上任。1 月 20 日，福建省党代会传达中央领导对福建工作的指示，作了题为《谈思想解放》的发言。中央领导对讲话给予高度评价，批示转发省、军级。

从 2 月开始，到全省各地调研。努力在全省推行包产到户，落实生产责任制；考察厦门特区，表示 2.5 平方公里太小没有搞头，向来福建视察工作的谷牧副总理建议，将厦门经济特区扩大到全岛。

4 月，福建省人大五届三次会议召开，项南作《解放思想和特殊政策》专题发言，强调福建 80 年代的三大任务：发展

经济，华侨工作，对台工作，提出建设八大基地。

5月27日至6月14日，参加了国务院在北京召开的广东、福建两省和经济特区工作会议并作重要发言。

7月，福建省委和省政府决定，划出30万亩沿海滩涂给社员作自留滩，以发展贝类和藻类养殖。

8月，推动省政府作出决定，划出2000多万亩荒山给社员作自留山。

9月，《福建日报》发全省农村涌现的26户勤劳致富的"冒尖户"，同时发表项南撰写的《尖子赞》一文。

1982 年

2月，任中共福建省委第一书记。参加中共中央书记处召开的广东福建两省座谈会。

3月，出席福建省五届人大四次会议，作题为《信心和力量》的讲话，提出建设十大工程。

4月，推动福建省政府出台文件，福建省首批48家企业实行厂长负责制。

7月，在福建地市委书记会议上讲话《一手抓经济工作，一手抓大案要案》。

8月，对《人民日报》记者发表谈话，强调经济犯罪要打击，社队企业更要扶持，要把打击经济领域的严重犯罪与搞活经济区分开来。

9月，率福建代表团出席中共十二大，当选中共中央委员。

10 月，出席在福建召开的全国海水养殖工作会议，在会上发表讲话《向山和海要财富》。

11 月，陪同中共中央总书记胡耀邦到厦门、福州、晋江、莆田、宁德等地调查研究。

1983 年

3 月 10 日，推动省委、省政府出台文件，有领导有步骤实行以承包为中心的各种形式的经营责任制，坚决消除"大锅饭"。

5 月 17 日，参加福建省社队企业陈埭公社现场会，在会上发表讲话《群众集资办厂好得很》，大力支持和提倡社队（乡镇）企业发展，指出集资办厂好得很，它姓"社"不姓"资"。

9 月 18 日，在福建省经济特区工作会议上发表《尽快开创特区工作的新局面》讲话，提出特区要"四特"，即特殊的任务、特殊的政策、特殊的环境和特殊的方法。

11 月，项南主持省委书记办公会议，确定继续加强基础设施建设，提出"六五""七五"期间基础设施建设规划，确定开发闽南区域经济，发展沿海侨乡经济。

1984 年

2 月，陪同邓小平视察厦门。建议将厦门特区扩大到全岛、逐步将厦门建设成自由港。邓小平为厦门经济特区题词："把经济特区办得更快些更好些。"

3月2日，大力推动厦门航空公司成立。3月18日，中央决定把厦门特区范围扩大到整个厦门岛。3月23日，在福州开会的55位厂长、经理致信省委领导，呼吁为企业"松绑"放权，项南将来信批给《福建日报》公开发表，并亲自写按语。

5月15日—31日，率福建代表团出席全国人大六届二次会议。19日，发言说，应该让"包"字进城，打破国有企业的"大锅饭"，把职工收入高低同企业经营好坏与个人贡献大小紧密联系起来。5月18日，《福建日报》发表项南写的社论：《让"包"字进城》。《人民日报》5月24日转载。

10月11日，主持常委会讨论通过成立处理福建地下党历史遗留问题领导小组。

12月6日，致电祝贺晋江陈埭镇成为福建省第一个亿元镇。

1985年

2月18日，中共中央、国务院发出通知，决定闽南三角地区11个县市——漳州、龙海、漳浦、东山、泉州、晋江、惠安、安溪、永春、同安等县市辟为沿海经济开发区。这也是项南多年努力推动的结果。

3月6日，参加关于处理地下党历史遗留问题会议并讲话，要求在5月底基本完成这项工作。

6月16日，《人民日报》发表署名文章《触目惊心的福建晋江假药案》。打电话给省委办公厅，要求省、晋江地区和晋江县有关部门，坚决查处假药案。

7月3日，中共福建省委召开四届一次全会，选举产生新的省委领导班子，项南当选省委书记，副书记胡平，常委贾庆林、张渝民、高胡、张克辉、林治泽、蔡宁林、袁启彤、何少川。

1986年

2月6日，陪同中共中央政治局委员、中央军委常务副主席杨尚昆视察福建，到部队、农村、工厂调查研究。2月24日，胡耀邦等中央领导在北京同项南等就福建省委书记更动问题谈话。27日，中央决定，陈光毅任福建省委书记，免去项南福建省委书记职务。

3月14日—20日，与陈光毅赴厦门、漳州、泉州、莆田四地市了解沿海经济发展情况。就进一步念好"山海经"等问题进行调研。

5月，在离开福建前到闽西探亲，第一次回到自己出生的村庄连城县朋口镇文地村。

1989年

3月13日，中国扶贫基金会在北京成立，原国家主席、全国政协主席李先念为名誉会长，黄华、费孝通为名誉副会长；项南被推举为会长。为中国扶贫基金会制定《扶贫三字经》。

12月，经扶贫基金会向福建福安粒粒橙项目资助50万元，向广东肇庆地区优质香蕉苗项目资助 30 万元。

1990 年

4 月，陪同国家主席杨尚昆会见新加坡远东机构总裁黄廷方。

8 月，促成中国扶贫基金会与英国儿童救助会合作。

1991 年

2 月，主持中国扶贫基金会北京常务理事座谈会。

3 月，牵线搭桥江苏、陕西两省互派县以上干部 140 多人，开展以扶贫开发为内容的干部对口交流。

5 月，与以色列社会科学院驻北京代表沙和伟博士到河北省贫困地区考察，商定合作开展我国北方干旱、半干旱地区节水灌溉技术培训与示范项目，开办三期节水培训班，捐赠滴灌设备等。

7 月 7 日，中国扶贫基金会派出贫困地区中小企业家访日，这是与中国国际友好联络会进行合作，利用笹川和平友好基金会组织的首次扶贫考察活动。

1992 年

1 月，代表中国扶贫基金会接受云南昭通卷烟厂捐赠的 1000 万元。

5 月，出席在北京召开的经济发达地区和贫困地区干部交流工作座谈会，向全国介绍和推广苏陕干部交流经验。

1993 年

4 月，主持中国扶贫基金会在北京召开第二届理事会。总结工作经验，探讨扶贫工作新途径。

6 月 4 日，出席中国扶贫开发协会成立大会。

10 月，应日本笹川和平财团日中友好基金会邀请，组织第二批中国贫困地区县长代表赴日本考察。

1994 年

7 月，主持召开中国扶贫基金会与中国社会科学院等共同举办海内外代表 60 余人参加的中国中西部经济发展研讨会。7 月 16 日，主持召开扶贫行动大会。接受捐赠 15 项。其中新加坡华人李陆大先生捐款 100 万美元。

10 月 17 日，在人民大会堂举行盛大文艺晚会"爱在人间"，纪念第一个国际清除贫困日。10 月 16 日，主持召开首届全国十大扶贫状元表彰颁奖大会。

11 月，赴河北阜平县，主持由香港扶轮社李钜能先生捐款 30 万元兴建的职业学校开学典礼。

1995 年

1 月，到阜平县城 20 余里的大台乡老路渠村访贫问苦。

4 月，率中国扶贫基金会代表团赴美国考察非营利机构的运作。

5 月，主持日本东芝三广医疗株式会社向中国捐赠 10 台便携式 B 超仪仪式。

6月，为山西省扶贫培训中心牵线，在北京房山区窦店兴办三期培训班。先后为甘肃、宁夏、河北等培训上百名养牛技术人员。

7月，出席中国扶贫基金会与新华社、《半月谈》杂志联合举办的第二届全国十大扶贫状元评选表彰活动。

11月，出席为贫困地区推广小尾寒羊举办的培训班开学典礼。

1996 年

1月4日，出席第二次扶贫行动大会，共收到捐款300多万元及104辆金蛙牌农用运输车。

2月，出席中国扶贫基金会与中国儿童活动中心联合主办的首都小记者扶贫工作采访团出征仪式。

5月21日，主持美国埃克森石油公司捐款50万美元仪式。

9月，中国扶贫基金会召开第三届理事会，通过《中国扶贫基金会章程（修改稿）》；推选国家副主席荣毅仁为名誉会长，全国政协副主席杨汝岱任会长，项南为首席顾问。

1997 年

9月，列席中共十五大。在第四小组会上作重要发言。

11月10日，在北京逝世，终年79岁。

责任编辑：朱云河
封面设计：林芝玉
版式设计：汪　莹
责任校对：陈艳华

图书在版编目（CIP）数据

项南画传 / 夏蒙，钟兆云 著 . —北京：人民出版社，2018（2024.2 再版）
（改革开放元勋画传丛书）
ISBN 978－7－01－019849－1

I. ①项…　II. ①夏…②钟…　III. ①项南（1918-1997）－传记－画册
　IV. ① K827 = 7

中国版本图书馆 CIP 数据核字（2018）第 222045 号

项南画传
XIANGNAN HUAZHUAN

夏蒙　钟兆云　著

人民出版社 出版发行
（100706　北京市东城区隆福寺街 99 号）

北京华联印刷有限公司印刷　新华书店经销

2024 年 2 月第 2 版　2024 年 2 月北京第 1 次印刷
开本：880 毫米 ×1230 毫米 1/32　印张：10.125
字数：194 千字

ISBN 978－7－01－019849－1　定价：75.00 元

邮购地址 100706　北京市东城区隆福寺街 99 号
人民东方图书销售中心　电话（010）65250042　65289539